ILS CROIENT QUE LA NATURE EST BONNE

DU MÊME AUTEUR

La Santé rationnée ?, avec John Kimberly et Victor Rodwin, Economica, 1981

La Santé intouchable : enquête sur une crise et ses remèdes, Lattès, 1996

Santé, pour une révolution sans réforme, Gallimard, « Le Débat », 1999

La Qualité des soins en France, Éditions de l'Atelier, 2000

La Santé mentale des Français, avec Raymond Lepoutre, Odile Jacob, 2002

L'Hôpital vu du lit, Seuil, 2004

L'Hôpital, PUF, « Que sais-je ? », 2005

Les Prêcheurs de l'apocalypse : pour en finir avec les délires écologiques et sanitaires, Plon, 2007

Très cher santé, Perrin, 2009

La peur est au-dessus de nos moyens : pour en finir avec le principe de précaution, Plon, 2011

Pour en finir avec les histoires d'eau : l'imposture hydrologique, avec Henri Voran, Plon, 2012

Ils ont perdu la raison, Robert Laffont, 2014

JEAN DE KERVASDOUÉ

ILS CROIENT QUE LA NATURE EST BONNE

Robert Laffont

ISBN 978-2-221-18923-8

Sommaire

Tout va mieux, mais c'est très inquiétant car cela pourrait aller plus mal !

Écologie, que ne fait-on pas en ton nom ?

Il n'y a pas d'autres domaines où les préoccupations les plus justifiées voisinent avec les plus évidentes bêtises, où la confusion des concepts est aussi manifeste, où les croyances l'emportent sur la raison, où la pression sociale est aussi sirupeuse que violente, où l'idéologie prend le masque de la vérité, où les intérêts se cachent sous la bannière de la générosité, où les informations sont partielles, partiales et souvent truquées. Cette bouillie de faux concepts, de grands sentiments et d'intérêts camouflés conduit les hommes les plus respectables à proférer doctement les plus évidentes contre-vérités, à prendre la plaine de la Beauce pour le Sahel, à considérer que le réchauffement climatique affecte Bordeaux comme Tombouctou, que le débit du Rhône est celui du Jourdain, que les hommes meurent de sécheresse alors qu'ils périssent noyés, que la dégustation d'un steak est aussi dangereuse que la traversée à la nage du détroit de Magellan, et surtout à prendre les plus incontestables bienfaits de la science pour le plus grand des dangers.

Dans ce monde manichéen, il y a d'un côté le « bien » avec ses mots vertueux – écologie, environnement, éolienne, lanceur d'alerte, santé… – et leurs qualificatifs tout aussi positifs – vert, naturel, durable, circulaire, biodynamique, biologique, photovoltaïque, recyclé, économe, local, associatif, décentralisé… – et de l'autre le « mal » – charbon, pesticides, OGM, nucléaire, pollution, croissance, climato-sceptiques… – et des qualificatifs négatifs – polluant, dangereux, intensif, capitaliste, industriel, cancérigène, corrompu… Entre les deux les mots « progrès » et « scientifique » font le va-et-vient, selon qu'ils servent dans l'argumentation le « bien » ou le « mal ».

Pasticher le discours des écologistes politiques trop souvent entendus, lus ou vus sans qu'il lui soit opposée la moindre réplique factuelle est un jeu d'enfant. Il suffit de s'enflammer en prenant quelques mots classés du côté du « bien », de leur accoler au hasard quelques qualificatifs positifs, de piocher quelques verbes d'action, voire quelques noms propres, puis de condamner sans appel les irresponsables qui, par exemple, épandent des pesticides cancérigènes, sur des OGM dangereux, en agriculture intensive, par esprit de lucre, pour enrichir les spéculateurs des marchés de matières premières internationaux. Facile, toujours caricatural, souvent faux !

Pourtant tout va mieux

Près de neuf ans après la publication des *Prêcheurs de l'apocalypse*[1], ceux-ci semblent plus que jamais sévir et avoir acquis dans le public une audience toujours plus large. Pourtant au cours de la même période, l'humanité plus nombreuse, quand elle n'est pas en guerre, continue de mieux se porter, mais ce constat ne modifie en rien le discours des prophètes de malheur. L'espérance de vie dans le monde a cependant bien gagné quatre mois par an au cours de cette période ! Malgré la forte pollution atmosphérique de ses grandes villes, entre 2008 et 2015, l'espérance de vie en Chine est passée de 73,18 ans à 75,41 ans, soit l'espérance de vie des Français en 1986, époque où ils s'estimaient déjà en excellente santé. En 2016, 4,5 années seulement séparent l'espérance de vie des Chinois de celle des Américains (79,68 ans), alors qu'en 1960 cette différence était de vingt-six ans ! Certes, 100 % des Américains, des Chinois et des Français continuent de mourir et ont raison de se préoccuper de cette fatale certitude, mais plus d'un quart de siècle de vie en plus semble un bienfait évident.

De surcroît, la grande pauvreté recule sur la planète tant en valeur absolue qu'en valeur relative et, avec elle, la famine qui n'a cependant pas disparu. Selon l'Organisation des Nations unies pour l'alimentation et l'agriculture (FAO), « *la production mondiale de*

1. Jean de Kervasdoué, *Les Prêcheurs de l'apocalypse*, Plon, 2007.

céréales en 2015 devrait être presque suffisante pour couvrir l'utilisation, n'entraînant qu'une légère diminution des stocks existants, qui sont abondants[1] ». Quoi qu'en pense le pape François[2], la pauvreté régresse, les maladies reculent, la mortalité infantile baisse (y compris en Afrique[3]) et un nombre toujours croissant d'êtres humains a accès à de l'eau potable. Comme le rappelle Michael Elliott[4], depuis 1990, sur terre, neuf cent dix millions de personnes sont sorties de l'extrême pauvreté ; le taux de mortalité due à la malaria a baissé de 47 % depuis l'an 2000 ; entre 1990 et 2013, le décès des enfants de moins de cinq ans a décru de 50 % ; en 2012 il y avait cinquante-sept millions de plus d'enfants en école primaire en Afrique subsaharienne qu'en 2000…

Pourtant, le Très Saint-Père, en publiant l'encyclique *Laudato si'*, avec et après beaucoup d'autres, méprise des faits aussi importants que facilement vérifiables. Décidément l'Église est fâchée avec la science ! Le pape semblait avoir recueilli l'avis de prestigieux académiciens ; il est vrai qu'il a aussi, et à plusieurs reprises, donné audience à Nicolas Hulot pour aboutir à un texte dans l'air du temps dont Rémy Prud'homme

1. FAO, http://www.fao.org/worldfoodsituation/csdb/fr.

2. Lettre encyclique *Laudato si'* du saint-père François sur la sauvegarde de la maison commune, http://w2.vatican.va/content/francesco/fr/encyclicals/documents/papa-francesco_20150524_enciclica-laudato-si.html.

3. Si elle reste élevée, entre 1990 et 2012, selon le *World Mortality Report* du département de l'économie et des affaires sociales de l'ONU, elle passe de 162 ‰ à 52 ‰ ! Trois fois moins : une performance !

4. Michael Elliott, « The age of miracles », *Time*, 26 janvier 2015.

résume en quelques mots la philosophie : « Laudato si' *apparaît comme un cocktail original, avec à parts égales une portion de catholicisme, de marxisme et de réchauffisme, arrosée d'une rasade de saint François d'Assise et d'une goutte de Rousseau*[1]. »

Une fois encore, le pessimisme malthusien survit à ses prévisions erronées, pourtant rien n'y fait. Ainsi, en matière d'agriculture et d'alimentation, le Club de Rome (qui n'est pas celui du pape, ni une équipe de football de la capitale italienne, mais un groupe de prévisionnistes) s'est doublement trompé sur ce que serait la planète en l'an 2000[2] : une première fois en sous-estimant la croissance continue de la production agricole alors qu'il affirmait que le rendement serait décroissant et une seconde fois en matière de démographie mondiale car il soutenait que la croissance continuerait d'être exponentielle, ce qui ne fut pas le cas. En réalité, les rendements des grandes cultures croissent toujours et avec eux la production agricole mondiale : en 2015 ont été produites 2,5 milliards de tonnes de céréales, soit plus de trois cents kilos par habitant de la planète ! Dans tous les pays du monde, à l'exception de ceux de l'Afrique subsaharienne, le nombre d'enfants par femme baisse beaucoup plus vite que ne le prévoyaient les Nations unies il y a encore vingt ans. En cinquante ans, alors que la population

1. Rémy Prud'homme, « Perplexités », *Commentaire*, n° 152, hiver 2015-2016.

2. Donella Meadows, Dennis Meadows, Jorgen Randers et William W. Behrens, *The Limits to Growth*, Universe Books, 1972.

mondiale a été multipliée par 2,3, la production en calories des céréales majeures a été multipliée par 3,6. La prolongation exponentielle des taux de croissance de la population des soixante-dix premières années du XXe siècle s'est révélée fausse.

Toutefois, les catastrophistes rejettent d'un revers de main ces progrès évidents et quand ils sont un instant désarçonnés par cet incontestable mieux-être, ils se ressaisissent, changent d'argument et invoquent par exemple la croissance de la mortalité par cancer. Là encore, ils trompent ou ils se trompent car si, en France, le pourcentage de gens qui meurent de cancer augmente effectivement, le nombre de gens qui meurent de cancer diminue de plus en plus vite, or c'est bien le nombre qui compte et pas le pourcentage[1]. En effet, d'une part les thérapeutiques sont de plus en plus efficaces et d'autre part « *il n'y a pas d'épidémie de cancer en France ; dans l'ensemble les nombres de cancer n'augmentent que par l'effet démographique de l'accroissement et du vieillissement de la population. La principale exception est le cancer du poumon chez la femme*[2] ».

Arrive alors en dernier argument l'artillerie lourde, la cause à tout faire, celle du réchauffement climatique qui viendrait menacer cette heureuse dynamique et détruirait les deux derniers siècles de progrès, noierait une partie des terres émergées de la planète et

1. Ce paradoxe apparent s'explique par le fait que si la mortalité par cancer baisse, elle baisse moins vite que celle due aux maladies cardiaques ; ainsi son pourcentage augmente arithmétiquement.

2. Catherine Hill, épidémiologiste à l'Institut Gustave-Roussy, 2016.

étoufferait le reste de l'humanité. Peut-être, mais dans ce domaine-là aussi le pire n'est que très peu probable. Pour ne prendre que l'exemple de la montée des eaux marines, les mesures du marégraphe de Brest indiquent que le niveau de la mer à la pointe de la Bretagne a gagné trente centimètres depuis 1711, soit une croissance d'un millimètre par an[1]. Depuis un siècle, le rythme s'est un peu accéléré (1,3 millimètre par an) ; ce n'est donc pas encore le déluge, ni tout à fait demain que les moules et les berniques couvriront la rue de Siam, chère aux Brestois.

Quand il s'agit de modèle, l'exemple du Club de Rome illustre une forme classique de manipulation, à savoir que l'on pourrait prolonger toutes les tendances passées par une courbe exponentielle et ainsi se permettre d'annoncer une catastrophe en 2050 ou en 2100, alors que personne de cette génération ne sera là pour vérifier si la courbe s'est infléchie (ce qui est généralement le cas[2]) et que, comme très souvent, le phénomène s'est autorégulé. En outre, les prophètes de malheur prétendent démontrer la véracité de leur propos en projetant aux heures de grande écoute non plus des courbes, mais des images de tempêtes, sur l'île de Sein notamment. L'effet est garanti : les images sont aussi belles que spectaculaires mais, pour ceux qui

1. Sabine Niclot-Baron, « Rade de Brest. Des relevés scientifiques prouvent que la mer monte », *Ouest-France*, 2 février 2015.

2. Ce n'est donc pas une exponentielle mais une fonction logistique représentée par une courbe en S qui semble démarrer comme une exponentielle, puis cesse de croître pour décroître.

connaissent cette île, elles ne sont guère différentes de celles qui sont restées gravées dans la mémoire de l'adolescent qui y allait camper en 1962 et dont la tente mouillée d'embruns, pourtant protégée derrière un abri, s'était alors envolée !

En outre, si l'on regarde vers le passé et non plus vers l'avenir, on peut affirmer – avec certitude cette fois, grâce à la datation de coraux de l'île de Tahiti – que le rythme de montée des eaux s'est grandement ralenti depuis quelques millénaires au point d'être quasiment stagnant. Il y a dix-huit mille ans, le niveau de la mer était de cent vingt mètres au-dessous du niveau actuel. La mer s'est alors mise à monter de quinze millimètres par an entre –16000 et –14000 ans, puis ce phénomène s'est encore accéléré à la fin de cette période pour atteindre quarante à cinquante millimètres par an en quelques siècles[1]. Plus tard le rythme s'est atténué pour quasiment s'arrêter. Ainsi, depuis six mille ans, la montée des eaux marines est très faible : de l'ordre de un millimètre par an. En revanche, si nous vivions il y a quatorze mille ans et non pas en 2016, en un demi-siècle la mer aurait monté de deux mètres à 2,5 mètres. À ce rythme, une île comme l'île de Sein aurait donc vraiment été engloutie car elle n'est qu'à 1,5 mètre au-dessus du niveau de la mer.

La planète bouge, aujourd'hui comme hier. Au cours de l'ère quaternaire (la nôtre), il y a eu quatre

1. Édouard Bard, « Le niveau marin depuis vingt mille ans enregistré par les coraux », *Lettre n° 5 du programme PIGB-PMRC*, 1996, http://www.cnrs.fr/cw/dossiers/dosclim1/rechfran/4theme/paleo/niveaumer.html.

glaciations et donc quatre réchauffements qui en toute logique ne sont pas une nouveauté. Rien d'exceptionnel donc, si ce n'est le sentiment de croire que ceux qui vivent aujourd'hui sont les premiers êtres humains sur terre. Si, du point de vue de la santé comme de l'alimentation, les catastrophistes se sont trompés, les thèses écologiques inquiétantes diffusent dans l'opinion, imprègnent les partis politiques, modifient les habitudes alimentaires, induisent des réglementations sinon toujours folles, du moins toujours onéreuses, souvent néfastes et rarement adaptées. Pourquoi ?

Désir de vert

Vivre en ville, seulement en ville, semble ne pas suffire à l'équilibre des êtres humains. L'homme est habité d'un désir de nature, d'eau, de vert et donc, quand cela est possible, d'un désir de jardin. Les plus chanceux acquièrent une maison de campagne pour faire vivre à leur famille le passage des saisons. Ceux qui ont le temps et l'argent voyagent pour découvrir des paysages qui ne sont pas transformés, voire pollués par l'urbanisation, scarifiés par les lignes électriques, défigurés par les usines, les hangars, les éoliennes ou les châteaux d'eau. Chez de nombreux habitants des villes, l'instinct de chasseur-cueilleur demeure encore très vivace. Ceux qui ont une « campagne » parcourent des kilomètres pour chercher des champignons, ramasser des noisettes, cueillir des mûres ou des myrtilles. Les privilégiés qui, dans ce domaine en France, ne sont pas nécessairement les plus riches chassent et pêchent en saison. Les plus favorisés enfin voyagent loin pour découvrir en Afrique de l'Est la splendeur de la transhumance des dernières grandes hordes d'animaux sauvages, celle des fonds marins intacts des îles du Pacifique ou encore, dernière mode, l'Antarctique, le continent inhabité.

Si ce désir de nature est souvent frustré, c'est qu'en France plus des trois quarts de la population habitent en ville, alors que ce pourcentage n'était que de 53 % en 1946. De surcroît à l'époque, les villes étaient moins étendues et les banlieues pas encore interminables ! Ce n'est qu'à partir du début des années 1970 que les villes françaises ont commencé à ressembler – pour le pire – aux villes américaines et que les zones industrielles et commerciales se sont construites. Le désir de vert devient de plus en plus difficile à satisfaire. À Lannion, petite ville de Bretagne nord, le scout que j'étais dans les années 1950 marchait à peine un quart d'heure pour se trouver dans les champs, les bois ou le long de la rivière. Quant à la côte de granit rose toute proche, la lande et les champs descendaient encore jusqu'au rivage. Depuis, les terrains de jeu de mon adolescence se sont urbanisés. Il faut aujourd'hui longtemps pour marcher sans entrave dans la campagne car, derrière les quelques espaces inhabités, les derniers bois, se trouvent des maisons ou des centres commerciaux. Le « mitage » du territoire est une réalité.

L'analyse scientifique montre d'ailleurs que la transformation est encore plus profonde que le sentiment que je pouvais en avoir. Ainsi, dans le dossier de l'INSEE intitulé « Une nouvelle approche sur les espaces à forte et faible densité[1] », il n'y a plus en Bretagne que très peu d'espaces ruraux. À deux minuscules exceptions près, tout le littoral est composé d'aires urbaines ou « multipolarisées[2] ». Les espaces à dominante rurale couvrent moins de 20 % du territoire de la région, les zones d'influence des villes sont très étendues et notamment celle de Rennes. Rien d'étonnant donc qu'il devienne difficile de se promener dans la campagne sans rencontrer des barrières, des maisons et... des chiens. Le désir de vert est frustré, même chez de nombreux ruraux. Peu importe alors que la France dispose de trois fois plus de surface boisée qu'il y a deux siècles, que l'eau abonde, que les sangliers soient quatre fois plus nombreux qu'il y a vingt ans (deux millions !) et que les loups dévorent dans le Grand Sud-Est leur ration d'agneaux. Si l'on ne retrouve plus les traces de l'enfance, on en déduit que la « Nature » est à l'évidence en danger.

Cette perception tangible de la transformation de l'espace est vraisemblablement plus profonde encore pour les habitants des pays du sud de la planète. De très nombreuses familles ont aussi quitté leur village

1. Christel Aliaga, Pascal Eusebio et David Levy, « Une nouvelle approche sur les espaces à forte et faible densité », *INSEE Références. La France et ses territoires*, avril 2015, http://www.insee.fr/fr/ffc/docs_ffc/ref/FST15_b_D1_Densite.pdf.

2. Communes dont 40 % de la population résidente ayant un emploi travaille dans plusieurs grandes aires urbaines.

pour la ville, mais ces villes se sont transformées sans plan d'urbanisme, sans égouts, sans ramassage d'ordures, sans eau courante. Les embouteillages sont quotidiens et la pollution provoquée par de vieux moteurs est permanente.

C'est le cœur serré qu'en sortant de ces villes on voit les sacs en plastique fleurir sur les arbres de la brousse avoisinante ou tacher le désert de leur imputrescible laideur. Oui, la pauvreté détruit l'environnement plus efficacement que le progrès et, dans ce domaine, il n'y a pas beaucoup de raisons d'espérer un changement à court terme car l'on sait ce qu'il faudrait faire : investir, édicter des lois, les faire respecter, collecter l'impôt, former des ingénieurs, des architectes et des urbanistes… Or ces quelques conditions nécessaires pour aménager ces villes, si on les trouve en Chine, sont trop souvent absentes dans de nombreux autres pays, faute d'argent. À titre indicatif, pour avoir une idée de l'enjeu technique et financier du coût des infrastructures urbaines, rappelons que si les égouts de Paris remontent à l'époque romaine, il n'y en avait que cinquante kilomètres quand s'est déclenchée l'épidémie de choléra de 1832. Celle-ci légitima les grands travaux d'alors, mais ce n'est qu'au début du XXIe siècle que les deux mille quatre cents kilomètres du réseau actuel et ses stations d'épuration ont été terminés. La Seine n'est plus polluée, les poissons sont revenus dans Paris et avec eux… le braconnage. Les égouts de la capitale illustrent la nécessaire détermination collective, le temps et l'argent qu'il faut déployer pour aboutir au type de confort auquel les habitants des grandes villes des pays riches sont habitués et dont ils sont par ailleurs totalement inconscients.

Si Paris n'a plus d'odeur, ce n'est pas encore le cas de toutes les villes du sud de la planète qui ont grandi le long ou à l'embouchure d'un fleuve. Faute de barrage en amont, faute de digues, le fleuve n'est le plus souvent pas plus régulé que l'urbanisme ; des familles ont pu s'installer dans les zones inondables, la catastrophe est alors certaine en cas de crue centennale, voire décennale : le fleuve sort de son lit et les malheureux habitants perdent tout, quand ils survivent. Les hommes ne meurent pas de soif, ils migrent en cas de trop grande sécheresse, mais en revanche beaucoup meurent noyés en direct sur CNN[1].

Soulignons que si du point de vue de la nature (inondation, éruption volcanique, raz de marée, tremblement de terre...) il n'y a aucune différence entre un phénomène naturel et une catastrophe naturelle, dans le cas de cette dernière des humains sont concernés, ce qui n'est pas le cas du phénomène naturel ! Donc, c'est du seul fait de la croissance de la population mondiale et de l'urbanisation anarchique de nombreux pays que les catastrophes naturelles s'accroissent, même quand les phénomènes naturels régressent ou sont stables ; aussi, quand les télévisions transmettent ces terribles images, le sentiment d'insécurité augmente et chacun est persuadé que les phénomènes naturels n'ont jamais été aussi dévastateurs. Le climat évolue, mais ce n'est

1. Jean de Kervasdoué et Henri Voron, *Pour en finir avec les histoires d'eau*, Plon, 2010.

pas encore le cas des crues dont les plus importantes enregistrées l'ont été au XIXe siècle, bien avant donc le réchauffement climatique. Les faits comptent-ils quand les images sont si parlantes ?

Toutefois sans évoquer les guerres, du fait de la croissance de la démographie et du développement du tourisme, des sites remarquables disparaissent. Il n'est pas nécessaire d'être un militant des partis écologistes pour défendre le Conservatoire du littoral, les parcs nationaux et les règles d'urbanisme, notamment dans les zones sensibles. L'ingénieur honoraire des ponts et des forêts que je suis – avec l'âge – devenu se souvient que sa vocation d'enfance était de devenir « conservateur » des eaux et forêts, noble titre d'autrefois remplacé par celui plus banal d'« ingénieur ». Oui, il y a des espaces à conserver, pas nécessairement parce qu'ils sont « naturels » (il n'y a rien de plus artificiel qu'une futaie de hêtres, qui doit son existence aux travaux attentifs de forestiers durant des décennies), mais parce qu'ils sont à la fois beaux et fragiles.

Soulignons encore l'effet de la mondialisation des images qui conduit les téléspectateurs à considérer que les drames de là-bas se produisent systématiquement ici. La confusion règne dans l'opinion, or par essence, à l'exception du réchauffement climatique[1], les questions écologiques et leurs solutions sont locales, car

1. Si la thèse du réchauffement climatique d'origine anthropique, liée au gaz carbonique, est fondée.

tout milieu dit « naturel » doit être situé. Il n'y a pas d'écologie sans géographie même si les espèces voyagent. À cette première confusion d'échelle s'en ajoute une seconde tout aussi fondamentale : celle de la définition de ce qu'est un « problème écologique ». Définir un enjeu est toujours une question de pouvoir, comme l'est l'usage d'un mot ou d'un qualificatif : qu'est-ce qui est « écologique », « durable » ? Nous verrons que les réponses à ces questions ne coulent pas toujours de source.

Du manque à la pléthore

En 1945, les agriculteurs représentaient 40 % de la population active française, autrement dit un ménage d'agriculteurs nourrissait moins de deux autres ménages. En outre, au sortir de la Seconde Guerre mondiale, les Français avaient eu faim et, quand ils en avaient eu la possibilité, s'étaient rendus à la ferme pour acheter ce que l'on pouvait ou voulait bien leur vendre, le marché noir étant alors une activité aussi lucrative que risquée. Ils connaissaient donc le travail de la terre, sa difficulté, ses incertitudes et avaient pour les agriculteurs un profond respect.

Soixante-dix ans plus tard, les agriculteurs représentent 3 % de la population active. Les urbains ignorent les contraintes de leur métier qui, si elles sont allégées grâce aux tracteurs, aux pesticides, aux vaccins, aux antibiotiques, aux engrais, à l'informatique..., demeurent considérables. Les animaux doivent être nourris quotidiennement, la traite des vaches, chèvres ou brebis doit avoir lieu deux fois par jour, trois cent soixante-cinq jours par an ; il n'y a donc pas de vacances possibles sans organiser un remplacement. La météorologie est capricieuse, les marchés de la viande ou des céréales ne le sont pas moins. L'argent immobilisé dans la ferme représente des montants élevés, parfois très élevés ; les contraintes réglementaires n'ont cessé de croître, ce qui, avec le coût du travail, explique que selon Xavier Beulin, président de la Fédération nationale des syndicats d'exploitants agricoles (FNSEA), « *la France a perdu de 30 % à 50 % du marché des fraises et des asperges alors que durant la même période, l'Allemagne augmentait le sien de 70 %*[1] » ! Il est donc encore difficile aujourd'hui d'être agriculteur et ce d'autant plus que ce très ancien métier est incompris, voire méprisé, par la grande majorité de la population. Cette perte économique se double trop souvent d'un drame humain : les agriculteurs se suicident trois fois plus souvent que les cadres. Enfin, comme on pouvait arithmétiquement s'y attendre, les agriculteurs ont perdu leurs puissants relais politiques ; Jacques Chirac était le dernier.

À la fin des années 1940, certains de mes condisciples de l'école primaire connaissaient la faim. Les petits portaient les habits des grands, voire partageaient

1. Cité dans « Bilan d'activité de Légumes de France pour l'année 2012 », http://www.legumesdefrance.fr/sites/fnplegweb/pres/orient/raro_2012_final.pdf.

la même paire de sabots. Un couteau, un outil, un verre, une assiette étaient précieux. Dans les familles bourgeoises on reprisait encore draps, chemises et chaussettes. Quelques années auparavant, pendant la guerre, les plus aisés avaient aussi découvert ce que voulait dire ne plus toujours manger à sa faim. Ma grand-mère, veuve de la Première Guerre mondiale, ruinée par des placements malencontreux de son tuteur, conserva jusqu'à la fin des années 1960 le plus froissé des sacs de papier et le plus court des morceaux de ficelle. À sa mort, en 1970, on a dégagé des mètres cubes de ses réserves, dans lesquelles se trouvaient des pots en verre de toutes tailles destinés à des projets de confitures, des casseroles sans manche, des assiettes cassées. Avec sa pension de veuve de guerre, elle avait compté chaque sou pour offrir à ses deux enfants des études supérieures à Paris. Elle craindra jusqu'au dernier jour de manquer, même si elle n'avait plus de réels soucis d'argent.

Certes la faim n'a pas disparu des terres de France, les Restos du cœur en témoignent, toutefois cette minorité défavorisée ne trouve de relais dans les médias qu'une fois par an, à l'occasion du concert des Enfoirés – et encore, ce jour-là, ce sont plus les « enfoirés » que les affamés qui font l'audience. Tous les autres jours, les médias ne relayent que la préoccupation majeure de la population aisée, celle qui achète des magazines et regarde à la télévision les émissions culinaires.

Pour la majorité des Français, le problème a profondément changé de nature. Jusqu'en 1960, le manque était la règle, un objet était désiré, attendu, rêvé sur un catalogue mille fois feuilleté ou vu et revu à la vitrine du marchand jusqu'à s'en abîmer les yeux, le nez collé et les mains plaquées sur la vitrine. Aujourd'hui, pour le plus grand nombre, la question n'est plus le manque, mais la pléthore. Rien pour les uns, presque tout pour la grande majorité des autres, la coupure avec les plus déshérités s'accentue. Il n'y a plus ce continuum du désir, il y a rupture d'autant plus forte que le marketing pilonne de ses messages l'ensemble de la population pour le créer, faute de pouvoir le satisfaire.

L'abondance commence au plus jeune âge : à Noël, les enfants croulent sous les cadeaux, daignant à peine les regarder, apparemment harassés par les papiers à déchirer et les boîtes à ouvrir. Je ne suis pas certain que cela leur fasse plus plaisir que les deux ou trois voitures Solido, les livres de la collection « Rouge et Or » et les quelques éléments de Meccano que je recevais à leur âge, mais c'est ainsi : pléthore d'objets, de boutiques et de sites Internet, évanescence d'un désir trop vite satisfait et dilemme du choix.

Lequel choix se pose avec une acuité particulière dans le domaine alimentaire. Les moins de quarante ans trouvent « naturel » que le monde débarque chaque jour dans les rayons de leur supermarché, qu'il y ait en toutes saisons des fraises, des framboises, des mangues et des avocats. Comme tout est là, facile, à portée de main, le producteur, interchangeable, n'a plus d'importance. À l'exception de produits spécifiques, notamment les vins et les fromages – et encore pas tous –, les agriculteurs disparaissent de la conscience de l'acheteur : ils sont devenus des fournisseurs lointains de produits indifférenciés et calibrés. Si le consommateur est roi, il n'est pas sans angoisse car il doit choisir.

Que manger ? Quand manger ? Quand les produits du monde entier débarquent à la porte, quand l'on trouve au coin de la rue des perches du Nil, du saumon du Pacifique, des agneaux de Nouvelle-Zélande et des crevettes du Vietnam.

Pourquoi se soucier des agriculteurs français, puisque – en apparence tout au moins – la production de denrées alimentaires n'est pas un problème ? Plus que jamais, la « qualité » – ou ce que l'on perçoit comme tel – l'est. Pour les magazines, tout se passe comme si la population française pouvait se nourrir de produits bio, de lait de soja, de viandes labellisées, de fruits frais et de fromages affinés et que l'argent en la matière ne comptait pas. Pourtant, il ne faut jamais avoir fait de courses pour croire qu'il est possible de n'acheter, pour une famille ayant un revenu moyen, que des poulets élevés en plein air, des légumes bio ou des produits locaux[1]. Le prix compte : tout le monde ne peut pas s'offrir quotidiennement ces aliments qui de fait sont de luxe, parfois meilleurs au goût, pas toujours.

Certes, et des cuisiniers en apportent la démonstration, il est possible en France de bien manger pour peu

1. Cela est encore plus vrai pour les bas revenus. En 2015, quatre millions de ménages vivaient avec un revenu mensuel inférieur ou égal à 1 000 euros.

cher, à condition d'avoir le temps de cuisiner, mais les familles les plus modestes sont souvent monoparentales. Parmi ses très nombreuses contraintes – à commencer par celle de gagner de l'argent –, la mère-chef de famille n'a guère le temps d'éplucher des légumes, de préparer des soupes ou de mijoter un pot-au-feu, choses simples mais longues ; faute de temps elle se tournera, comme la majorité des Français, vers les produits transformés et les plats préparés. Toute l'agriculture française ne peut donc pas se consacrer aux marchés de niche, destinés à une clientèle aisée, même s'il est souhaitable de produire de la valeur ajoutée, notamment pour l'exportation. Le marché de la pomme de terre n'est pas celui du vin ou du fromage. La question du temps de préparation touche d'ailleurs tous les milieux sociaux si l'on en juge par les marchés et non par les articles de presse. Les bouchers vendent presque exclusivement les pièces nobles et/ou faciles à cuire : rôtis, steaks, côtes, filets mignons, saucisses, si bien que la moitié de la carcasse, quand elle ne s'exporte pas, part sous forme de viande hachée. Blanquettes et pot-au-feu existent toujours, mais une ou deux fois par mois, le week-end, et les splendides races à viande française ne sont valorisées qu'en petite partie.

La baisse de la population active agricole due à l'amélioration considérable de la productivité a aussi permis, en soixante-dix ans, à plus du tiers de la population active française de se libérer des contraintes de la terre, et quelles contraintes ! Pour l'illustrer, en donnant des conférences, il m'arrive de demander à une personne sur trois de se lever et de se préparer à sortir car, leur dis-je, « il est l'heure d'aller traire les vaches » ! Oui, cette contrainte n'existe pratiquement plus, sauf pour un petit nombre, et les contemporains sous-estiment l'ampleur de cette libération. Cette liberté donnée à des millions d'adultes n'est pas le seul bienfait du progrès en agriculture. En effet, alors que la qualité et la variété des produits augmentaient, la part de l'alimentation dans le revenu des ménages n'a cessé de baisser, donnant à tous du pouvoir d'achat pour notamment payer les abonnements à Internet et la note croissante d'électricité qui financent les énergies dites « nouvelles », sinon « renouvelables ».

« *Depuis 1960, les ménages consacrent à l'alimentation une part de plus en plus réduite de leurs dépenses de consommation : 20 % en 2014 contre 35 % en 1960*[1]. » Là encore personne n'en a conscience car ce qui prime ce n'est ni la reconnaissance ni même l'indifférence, mais la peur, les peurs, celles d'ingérer des pesticides, du gluten, voire aujourd'hui de manger de la charcuterie ou de la viande rouge. En dépit de toute évidence, la confiance s'en est allée, la presse diffuse des messages infondés. Ainsi, un hebdomadaire après tant d'autres plonge dans les lieux communs en écrivant que « *l'agriculture intensive*

1. Brigitte Larochette et Joan Sanchez-Gonzalez, « Cinquante ans de consommation alimentaire : une croissance modérée, mais de profonds changements », *INSEE Première*, n° 1568, octobre 2015, http://www.insee.fr/fr/themes/document.asp?ref_id=ip1568.

utilise de plus en plus de pesticides et d'engrais [...] les fruits industriels sont insipides et les bons très chers[1] ». Tout est faux : en France, par quantité produite, l'agriculture utilise de moins en moins d'engrais et de pesticides ; en test à l'aveugle, les nouvelles variétés de fruits et de légumes sont jugées meilleures au goût que les plus anciennes, même si l'on trouve sur les marchés des fruits insipides, il est vrai beaucoup moins onéreux.

Ces erreurs que personne ne relève contribuent aux phobies contemporaines car, peu ou mal fondées, elles trouvent chez les humains un terrain fertile, celui de l'angoisse de tous les omnivores. Les hommes, comme les rats et les cochons, peuvent manger de tout, ils se méfient donc de tout ce qui ne leur est pas familier. Choisir est inquiétant, mais la pléthore impose de trancher, et cela est d'autant plus difficile qu'à part quelques règles de base de l'alimentation animale, les conseils – pour ne pas dire les modes – nutritionnels n'ont pas eu les effets escomptés, bien au contraire si l'on en juge par l'épidémie d'obésité, notamment aux États-Unis. Paradoxalement donc, l'agressivité nouvelle de la population à l'égard des agriculteurs s'explique par la diversité et l'abondance des productions agricoles.

Autre paradoxe, si la réalité est l'abondance, le marketing de la peur s'appuie toujours sur le manque ! Ainsi, Nicolas Hulot déclare : « *Peut-on imaginer que*

1. Gwendoline Dos Santos, « Manger intelligent », *Le Point*, 16 juillet 2015.

le modèle économique existant, qui d'ailleurs vacille, se délite, puisse résister à la combinaison de la pauvreté, à la raréfaction des ressources, et à l'emballement climatique ? La science nous le dit, et maintenant tout le monde le répète, ceci conditionne, selon le choix que l'on va faire, l'avenir de nos enfants » ; il ne s'agit rien de moins que de « *demander à l'humanité de se sauver d'elle-même*[1] ». On l'accompagnerait volontiers, si seulement c'était vrai et si l'on savait comment faire.

Le modèle économique existant a non seulement permis à un plus grand nombre d'êtres humains de vivre et de vivre plus longtemps, à la pauvreté de reculer en pourcentage (13 %) et en valeur absolue (huit cent cinquante millions), mais selon ce talentueux producteur de documentaires, il existerait un modèle inexistant qui serait préférable !

Quant à la raréfaction des ressources, thème malthusien par excellence, il est difficile de ne pas rappeler aussi les prévisions catastrophistes qui furent faites en matière d'énergie. Le « pic pétrolier » prévu pour 2015, date à laquelle la production devait décroître, a été l'année où les marchés ont croulé sous l'abondance d'hydrocarbures, de sorte que 2015 a plus été l'année du trou béant que du sommet escarpé : le prix du pétrole s'est effondré du fait de la quantité offerte et de la moindre croissance de l'économie mondiale.

1. Dans l'émission de Laurent Ruquier, *On n'est pas couché*, 20 décembre 2014, France 2.

Certes, les énergies fossiles sont limitées et ce qui a été brûlé ne retournera jamais à l'état de charbon, de gaz ou de pétrole, et donc vouloir les économiser est sage. Toutefois ce raisonnement ne s'applique pas aux métaux – fussent-ils « rares » – car ils peuvent être recyclés ; en la matière tout dépend du prix. L'eau enfin ne manquera jamais sur terre[1], elle n'est jamais « consommée », elle passe, s'évapore et… revient sous forme de pluie, puis ruisselle dans des fleuves avant d'aller se perdre en mer, et ce quel que soit le nombre d'êtres humains sur la planète. Cela ne veut pas dire qu'il n'y a pas de déserts et pour y habiter, il faut que l'énergie soit suffisamment bon marché pour désaliniser de l'eau de mer et climatiser les lieux de vie.

Malgré ses assertions fausses, le discours de Nicolas Hulot porte. Il est populaire et le doit à sa force de conviction et à la qualité de ses émissions documentaires. Grâce à lui, on a vu la fragilité de splendides paysages et pu constater les risques réels de disparition de la faune et de la flore qui y vivent encore. Quant aux malheureux affamés, à la recherche d'une vie meilleure, bien entendu ils existent, ils sont là : on les voit sur nos trottoirs, comme sur nos écrans de télévision, prenant des risques insensés pour simplement tenter de vivre comme nous. La pauvreté est réelle et le drame la réalité quotidienne d'hommes et de femmes qui

1. Jean de Kervasdoué et Henri Voron, *Pour en finir avec les histoires d'eau*, *op. cit.*

vivent dans ces territoires, je n'ose plus dire pays, où l'État n'existe pas et où il n'y a plus de police, plus de justice ni d'école. Ces vérités ne sont toutefois pas suffisantes pour remettre en cause la notion d'un progrès qui permet à beaucoup d'êtres humains d'exister. Tous ne s'en plaignent pas.

Des préoccupations écologiques justifiées : vrais problèmes, étranges solutions

La raréfaction de quelques espèces et la destruction d'espaces remarquables sont des réalités. Du fait de la croissance de la demande de certains produits alimentaires et notamment de poissons, grâce à l'efficacité des techniques de pêche, quelques espèces sont menacées comme le thon rouge en Méditerranée. Quelle que soit l'étendue des mers et océans, ces techniques de pêche qui sont des techniques de chasse d'animaux « sauvages » – fussent-ils poissons, coquillages ou crustacés – ne suffiront pas à satisfaire la demande de neuf milliards d'êtres humains. Il importe de les protéger et avec eux la mer et ses rivages. Pour y parvenir il faut encore développer l'aquaculture, à condition d'autoriser dans ces élevages autre chose que de la farine de poisson pour nourrir des poissons. Cela est d'ores et déjà possible à partir de végétaux génétiquement modifiés. En effet, les poissons ne fabriquent pas leur huile riche en oméga-3, ils l'ingèrent soit en mangeant d'autres poissons, soit, pour ceux qui sont au début de la chaîne alimentaire, en mangeant une algue unicellulaire ; cette huile se concentre ensuite tout au long de la chaîne alimentaire. La conséquence n'est pas de rationner la farine de poisson mais de chercher une plante capable de produire ces fameux acides gras. Une équipe anglaise vient d'y parvenir[1]. Les saumons pourraient donc devenir végétariens[2].

La dégradation des zones pélagiques est aussi tangible. Quand j'étais enfant en Bretagne, la pêche à pied n'était la passion que d'une petite dizaine de familles. Soixante ans plus tard, en 2015, lors de la marée d'équinoxe de mars – « marée du siècle » –, des hordes d'amateurs, dont je faisais partie, ont envahi l'estran et décimé en deux jours la faune fragile qui vit encore dans cette zone découverte à marée basse. Il faudra là aussi protéger étrilles, crabes, crevettes, ormeaux et palourdes par des interdits. Oui, l'afflux de pêcheurs détruit la pêche. L'afflux de touristes

1. Sarah Usher *et al.*, « Field trial evaluation of the accumulation of omega-3 long chain polyunsaturated fatty acids in transgenic *Camelina sativa.* Making fish oil substitutes in plants », *Metabolic Engineering Communications*, 9 juillet 2015, en ligne.

2. Voilà une fois encore la démonstration que quand on est écologue, et non pas écologiste, les organismes génétiquement modifiés peuvent contribuer à protéger l'environnement. Il est nécessaire de distinguer d'un mot les chercheurs en écologie, les « écologues », des politiciens écologistes, les « écologistes ». Le mot d'« écologue » fera référence à ceux qui pratiquent une discipline scientifique et s'attachent donc à la recherche d'une vérité factuelle, objective, alors que le terme d'« écologiste » fera référence aux tenants de croyances, de valeurs et d'opinions en la matière, qu'ils soient d'ailleurs affiliés ou pas à un parti écologique.

transforme les lieux touristiques. La conservation est, dans certaines circonstances, justifiée.

Toutefois, à quelques exceptions près, en France, l'« environnement » se porte globalement bien. Les phoques ont réapparu sur les côtes de Bretagne nord. Les surfaces boisées ont triplé en deux siècles, nous le soulignons encore. Les bouquetins se développent dans le parc de la Vanoise, seul l'ours s'adapte mal aux Pyrénées. Le Conservatoire du littoral sanctuarise des espaces sensibles. Les parcs nationaux et régionaux protègent faune et flore. En France donc, les ressources « naturelles » ne régressent pas, mais progressent après une période d'urbanisation incontrôlée. À l'exception de quelques zones fragiles et notamment les rivages, la priorité devrait être donnée à l'amélioration de la qualité des espaces urbains et surtout à l'insertion de la ville dans des espaces boisés ou cultivés. L'Allemagne a su le faire, mais ce n'est pas le cas de la France ni encore des pays du Sud.

Pourtant, les porte-parole de l'écologie médiatique n'évoquent ni la très grande pauvreté ni le grand désordre urbain, mais encore et toujours le climat : « *Ce qui est prioritaire sur tout, c'est le climat.* » Pour Nicolas Hulot, encore lui, aucun doute : « *La science a tranché, ce n'est pas la peine d'y revenir* » et si l'on n'agit pas c'est que « *certains n'ont pas intérêt à remettre en cause ce modèle [...] le lobby énergétique ou semencier a court-circuité le pouvoir* ». On voit mal ce que les semences ont à voir avec le climat, si ce n'est qu'à hygrométrie constante les plantes poussent mieux quand il fait chaud et qu'il y a du gaz carbonique, mais ce n'est pas, je pense, ce qu'il voulait dire. Il voulait vraisemblablement évoquer Monsanto, ce Lucifer des écologistes, et jouer sur une autre corde sensible et familière : la corde anticapitaliste, toujours vibrante, même quand elle devrait rester immobile. Bien entendu, tout cela est « évident » pour les journalistes de l'émission, qui en rajoutent. Pas un ne relève la fragilité de ces contestables assertions, ni ne demande à Nicolas Hulot de chiffrer l'impact des mesures qu'il préconise. Il est vrai qu'elles sont floues.

Pour en venir donc au fondement de la pensée dominante illustrée par ce porte-parole emblématique, elle a pour pivot la croyance en l'origine anthropique du réchauffement climatique et en la capacité de l'humanité sinon d'y mettre fin, du moins de la réduire de manière significative. Certes il constate par ailleurs la surconsommation des sociétés les plus riches de la planète, mais n'aborde cette question que par le biais de l'énergie ; il en va de même de la pauvreté – on voit mal cependant comment les investissements dans ce domaine pourraient seuls l'éradiquer. L'écologie se réduirait donc à la lutte contre le réchauffement climatique et la hausse de la température de la planète, le climat de demain prend le pas sur la misère d'aujourd'hui. « *Ce qui est prioritaire, c'est le climat !* »

Il existe néanmoins quelques voix plus nuancées ; ainsi Jean-Claude Ameisen, président du Comité consultatif national d'éthique, souligne à juste titre qu'il ne faudrait pas réduire les enjeux écologiques aux seules questions climatiques. Avec lui et beaucoup d'autres, je partage – ô combien ! – la tristesse de voir disparaître les « *belles et merveilleuses variétés d'êtres animés* », pour reprendre sa citation de Darwin. En outre, si, comme il le souligne, la pollution a des effets délétères sur la santé humaine, la pauvreté en a encore plus. Oui, les plus pauvres sont ceux qui subissent tous les malheurs, la question n'est pas ce triste et trop éternel constat, mais : comment y remédier. « *Garantir la protection et l'accès équitable de chacun aux biens communs de l'humanité [...], préserver les capacités de renouvellement des splendeurs de la nature [...], réduire notre consommation d'énergie [...], lutter contre la pollution, soutenir les produits d'une agriculture et d'une pêche durables et d'un commerce équitable. Et lutter pour la diminution de la pauvreté*[1]... » Quel beau programme ! Quel talent pour savoir ainsi inscrire sur le Scrabble affectif d'Occidentaux comblés, en une seule grille, tous les mots-comptent-triple de la bien-pensance contemporaine ! On ne peut qu'y souscrire, mais comment y parvenir ? En trouvant l'argent où ? En contraignant qui ? En faisant quoi ? On verra en prenant des exemples qu'il est difficile de modifier des écosystèmes.

Cela n'est pas un plaidoyer pour l'inaction, mais pour la modestie et la pudeur car, à l'exception des rejets de gaz à effet de serre, l'inquiétante pollution et

1. Cité par Nicolas Truong, « Comment changer notre rapport à la nature ? », *Le Monde*, 23 août 2015.

les menaces qui pèsent sur la biodiversité sont caractéristiques des pays du Sud. Plaide-t-il pour que nous, les nantis, intervenions dans leur politique intérieure ? Souhaite-t-il un nouvel ordre mondial ? Lequel ? Pour l'instant, l'échec avéré du protocole de Kyoto montre le peu d'efficacité des grands effets de manche ; les bons sentiments font rarement de la bonne politique.

Si notre relation avec la nature change, si certaines de ces préoccupations sont légitimes, il n'est pas facile d'agir. Faute de quelques connaissances en nutrition, en santé publique, en géographie, en histoire, en économie, en biologie animale et végétale, en un mot en écologie, celle des écologues et non pas des écologistes, les croyances les plus fantaisistes deviennent des évidences médiatiques ; ce ne serait pas grave si elles ne conduisaient pas à des dépenses inutiles, à des réglementations coûteuses et à ce que la France quitte insensiblement l'escadre des nations qui construisent le monde du XXIe siècle. Aussi, après avoir rappelé les bases du raisonnement en écologie, nous en analyserons les dévoiements et tenterons d'en analyser les raisons. Puis nous reviendrons sur les questions d'agriculture et d'alimentation.

Écologistes ou écologues ?

En matière d'écologie, la confusion entre une discipline scientifique et un mouvement politique qui portent le même nom, se référant au même qualificatif, continue de faire des ravages. À l'instar des marxistes qui se disaient « scientifiques », les écologistes politiques cherchent à bénéficier de l'image et de la rigueur des chercheurs pour donner de la force à leur idéologie. La lutte médiatique n'est pas égale car si les écologues, scientifiques de l'écologie, publient le plus souvent en anglais des articles austères pour une audience limitée ayant en horreur la généralisation hâtive et les vérités approximatives, les écologistes politiques, aux nombreux relais médiatiques, font flèche de tout bois pour couvrir l'espace public où ils déversent leurs interprétations des choses de la nature comme de la nature des choses.

Leur angle est malthusien, anticapitaliste et libertaire. Si les écologues cherchent, les écologistes ont déjà trouvé. Leur but n'est pas de comprendre le monde, mais d'agir sur le monde et ils savent que pour y parvenir, la bataille idéologique est essentielle.

Si l'on veut s'appuyer sur l'opinion, il ne faut rien laisser au hasard et donc la conquérir en n'hésitant pas à la manipuler. Le moment venu, l'opinion taillée à leur mesure, les écologistes pourront dire avec force qu'ils agissent dans le sens souhaité par les Français, car ils auront réussi à leur faire partager leur manière de voir. Leur victoire sera totale, ce qui ne nous empêchera pas, pour distinguer les uns des autres, d'utiliser pour les uns le terme d'« écologues » et pour les autres nous garderons celui qu'ils s'auto-attribuent : celui d'« écologistes ».

Tout équilibre écologique est dynamique[1]

L'écologie scientifique cherche à comprendre les relations entre les espèces vivantes et leur habitat, leur milieu. Compte tenu du climat, des sols, de la flore et de la faune, pour étudier un écosystème il faut chercher à répondre aux questions suivantes :

– Qui vit là ?

– Qui mange quoi ?

– Qui mange qui ?

– Qui occupe quel espace ?

– Y a-t-il un équilibre dynamique ? Avec ou sans cycle (notamment le cycle du feu[2]) ?

---

1. Le lecteur trouvera une argumentation plus détaillée dans les ouvrages de Christian Lévêque et notamment dans *L'écologie est-elle encore scientifique ?*, Quae, 2013.

2. Les incendies régénèrent autant qu'ils détruisent. Certaines plantes, méditerranéennes notamment, ne reprennent vigueur qu'après un incendie.

Bien entendu, quand l'homme et ses techniques pénètrent un écosystème, ils en modifient l'équilibre et le transforment jusqu'à parfois rendre impossible le retour à l'équilibre préexistant, mais par définition, il y aura toujours un nouvel équilibre, fût-il différent et dégradé. Notons que tout jardin est un écosystème qui doit son équilibre à l'homme. Chaque jardinier sait que cet équilibre est dynamique et mesure à sa peine la vitesse à laquelle se transforme en moins d'une saison une parcelle qui n'a pas été travaillée, arrosée et taillée.

Pour le scientifique, il n'y a aucune raison d'exclure l'homme de la nature. Un tel choix peut être philosophique, pas scientifique. L'homme et sa technique ne sont pas étrangers à l'écosystème qu'ils occupent, même quand ils le modifient profondément ; néanmoins la question de savoir ce que serait un écosystème donné en l'absence de présence humaine est une question légitime à laquelle il n'est pas toujours facile de répondre. Quant à l'équilibre, même quand l'homme est absent, il est toujours temporaire. Ainsi le qualificatif de « durable », dont on nous rebat les oreilles, n'est pas un concept statique mais dynamique ; il a été conçu, il y a plus d'un siècle, pour définir l'exploitation d'un massif forestier afin que s'équilibrent l'abattage des fûts venus à maturité et la pousse des jeunes plants, autrement dit une exploitation forestière est durable quand la forêt régénère l'équivalent du bois qui lui est prélevé.

Sans remonter à l'époque des dinosaures ou, plus loin encore, à celle de l'ère primaire, quand les plantes d'alors constituaient les réserves du charbon exploité aujourd'hui, l'écosystème de la France s'est profondément transformé depuis la dernière glaciation, il y a dix-huit mille ans, soit hier matin à l'échelle géologique. En effet cela est très proche : pour prendre une échelle humaine, dix-huit mille années représentent quatre fois le temps qui sépare l'époque contemporaine de la construction de la pyramide de Khéops, construite il y a plus de quatre mille cinq cents ans. À cette époque de l'ère quaternaire donc, la mer était cent vingt mètres au-dessous du niveau actuel, les mammouths et les rhinocéros laineux se promenaient dans la vallée du Rhône, les glaciers des Alpes descendaient jusqu'à Lyon et la plaine de la Beauce ressemblait à la toundra. Puis, au fur et à mesure que les glaces ont fondu, des plantes et des animaux ont recolonisé les terres qui se dégageaient des glaciers ou devenaient plus fertiles du fait de la croissance de la température.

Espèces importées, variétés sélectionnées : que ferions-nous sans elles ?

Depuis dix mille ans, depuis donc l'apparition de l'agriculture, l'homme a joué un rôle important et notamment sélectionné des familles d'animaux (chevaux, vaches, chèvres, moutons, chiens, chats...) dont beaucoup de races, on peut le regretter, tendent à disparaître. Ainsi en supprimant le service des Haras nationaux, l'État français a décidé de ne plus assurer la survie de la diversité génétique de la race chevaline patiemment constituée au cours des millénaires et laisse aux initiatives départementales (la Vendée) ou privées le soin de le faire. Que fait la ministre chargée de la Biodiversité ?

L'importation de nouvelles plantes et la sélection de nouvelles variétés sont encore plus nombreuses que celle des animaux. Des plantes ont accompagné les agriculteurs quand, progressivement, ils remplaçaient les chasseurs-cueilleurs ; d'autres sont venues avec les voyageurs. Ils ont montré beaucoup d'ingéniosité, voire de violence[1], pour les acclimater en Europe. La flore française du XXIe siècle n'a rien de « naturel », si par là on entend que des plantes familières ont toujours existé sur le sol de France. Tomate, pomme de terre, courge, haricot, maïs, arachide, piment, cacao, vanille, ananas… viennent des Amériques. Ces plantes et leurs fruits étaient donc inconnus en France quand Charles VIII a épousé Anne de Bretagne, l'année qui précéda la découverte de l'Amérique par Christophe Colomb (1492). Abricotier, amandier, bambou, olivier, oranger, poirier, tulipe…, eux, viennent d'Asie. Imagine-t-on ce que serait la cuisine d'aujourd'hui sans ces plantes ? Pas de chocolat, pas de Ketchup, pas de frites…

Les espèces ont voyagé et pas seulement celles qui sont prisées par les hommes, les parasites se sont aussi déplacés et notamment les insectes qui se nourrissent

1. Les révoltés du *Bounty* ont inspiré des livres (et des films) qui racontent cette histoire d'un bateau où les marins souffraient tant du rationnement d'eau organisé par le capitaine pour arroser les plants de la cargaison qu'ils se sont mutinés.

de ces plantes et les accompagnent. Souvent, quand ils arrivent dans une nouvelle aire géographique, ils sont heureux d'en trouver d'autres à leur goût. Ainsi, des milliers d'espèces d'insectes phytophages ou xylophages se sont acclimatées au cours du temps loin de leur région d'origine, et cela continue. De telles migrations ont provoqué des drames dont le plus connu est le ravage par le phylloxéra du vignoble français et européen à partir de 1864. Soulignons que les parasites et insectes importés sont toujours dangereux car en l'absence de leurs ennemis habituels, ceux de leur écosystème d'origine, ils se développent et peuvent causer d'importants dommages. Les parasites ne touchent pas que les plantes, ils affectent aussi les animaux et les hommes. La dernière épidémie est celle de la fièvre Zika, maladie provoquée par un virus dont le vecteur est un moustique. Arrivé au Brésil en mai 2015, il a été retrouvé moins d'un an après dans dix-sept pays. Il peut provoquer de profonds handicaps chez l'enfant et des problèmes neurologiques chez l'adulte.

La biodiversité d'aujourd'hui doit donc beaucoup à l'homme, à ses voyages, à ses goûts, à sa recherche de nouveaux aliments et aux innovations des siècles passés en matière de transport, ainsi cinquante mille espèces nouvelles ont envahi les États-Unis depuis cinq siècles. Certaines sont bénéfiques, d'autres chassent de leur milieu les espèces endémiques : du python de Birmanie qui se régale de ce qu'il peut étouffer dans la banlieue de Miami, à la moule zébrée russe qui prolifère dans les Grands Lacs, colonise les égouts et les tuyaux d'adduction d'eau.

Paysages agricoles d'hier ou paysages « naturels » ?

Il n'y a pas que les progrès agronomiques, les nouvelles technologies et l'ouverture sur un marché qui aient bouleversé l'agriculture, les espèces importées y ont aussi fortement contribué. Cela m'amuse de voir, dans des films qualifiés d'« historiques », des mousquetaires de cinéma chevaucher au nord de la Loire en bordure de champs de maïs, alors que cette plante ne s'y trouvait pas il y a quatre siècles. De même, les rendements de toutes les cultures se sont depuis considérablement accrus et quand la caméra montre des champs de blé où l'on devine que le rendement va approcher les cent quintaux l'hectare, on se dit que l'on n'est pas sous Louis XIII avec quinze quintaux les bonnes années et où les épis, alors, ne flottaient jamais à la même hauteur !

En Europe, chaque parcelle de champ, chaque butte, chaque coteau a été travaillé depuis des siècles. Les paysages dits « naturels » ne sont que le signe de l'usage prioritaire que l'homme d'hier donnait alors à la terre : agriculture, chasse[1], pêche, production de bois, élevage – il n'y a plus en Europe de forêts primaires, ni d'espaces inviolés, pas même en haute montagne. Ainsi les terrains prévus pour l'aéroport de Notre-Dame-des-Landes ne sont que des témoins de paysages agricoles de la France de l'Ouest d'il y a un demi-siècle. Faut-il alors

1. Tout forestier est capable de voir immédiatement si une forêt a été ou non aménagée pour la chasse à courre.

maintenir en l'état ces écosystèmes créés par l'homme, sous prétexte qu'ils abritent parfois des espèces administrativement protégées, mais pas toujours menacées, au sens où elles peuvent être abondantes ailleurs ? En outre, quelles espèces faut-il protéger ? Les vers de terre comme les oiseaux ? Les loups comme les moustiques ? Les doryphores comme les bécasses ? Il n'est pas simple de répondre à ces questions car à l'évidence, si l'on détruit tous les habitats d'une espèce, elle disparaît, mais faut-il en déduire que l'on ne doit pour autant jamais toucher à aucun habitat d'aucune espèce protégée ?

Escargots et crapauds : jusqu'où doit-on protéger des espèces qui ne sont pas en voie de disparition ?

En 2012, l'association écologiste Bretagne vivante a réussi à empêcher que le Stade brestois, club de football du port militaire breton, construise un centre de formation de ses jeunes joueurs sur la commune de Plougastel-Daoulas, proche de Brest. La raison de cette victoire juridique des escargots sur les adolescents vient de la présence sur le site envisagé d'escargots de Quimper, espèce déclarée « protégée » à l'échelon national et classée comme étant « d'intérêt » à l'échelon européen. Bien entendu, ces escargots, dont j'ignorais l'importance quand j'étais enfant[1], ne

1. Nous les ramassions pour organiser des courses. En effet, un de nos professeurs de quatrième ne bougeait jamais de sa chaise, placée juste en dessous de son estrade sur laquelle était posé un bureau de bois aux parois pleines ; j'en mouillais le bas puis, ayant trempé les escargots dans des encres de couleur, nous les placions en bas du panneau et pariions pour savoir celui qui, cinq minutes avant la fin du cours, serait monté

vivent pas que sur les quelques hectares de ce projet. On les trouve dans les trois départements de l'ouest de la Bretagne, mais aussi en Galice où ils sont aussi relativement abondants. Ils seraient peut-être d'ailleurs originaires du Pays basque, même si cette origine est contestée par certains spécialistes. Quant à leur rareté, « *l'escargot de Quimper fut, dès 1979, l'une des premières espèces de mollusques à bénéficier d'un statut de protection sur le territoire français. En dépit d'interrogations sur la pertinence d'une telle mesure au vu de sa relative abondance dans son aire de distribution, en Bretagne en particulier, ce statut lui a été conservé depuis lors*[1] ».

Les gastéropodes ne sont pas la seule préoccupation écologique de la pointe bretonne, les batraciens y ont droit aussi. Toujours à Brest, en 2014 cette fois, il se trouve qu'un crapaud d'origine sud-américaine a élu domicile dans un polder gagné sur la mer à l'occasion de la construction d'Océanopolis. Comme il est question de construire sur ces remblais des bâtiments de la filière destinée aux énergies marines renouvelables, il a été demandé au préalable de déménager ce crapaud qui, lui aussi, est une espèce protégée, même si l'on en trouve dans de nombreux endroits, en Europe comme en Amérique latine.

---

le plus haut. Six décennies plus tard, je me sens très coupable de cet « écocide ». Il faut dire qu'à l'époque je n'imaginais pas que ces animaux, qui pullulaient dans le réduit du compteur à gaz de mes parents, bénéficieraient un jour d'une protection. Je les prenais plutôt pour des envahisseurs et des mangeurs de salade, ce qu'ils sont aussi.

1. https://fr.wikipedia.org/wiki/Escargot_de_Quimper.

L'outarde canepetière : jusqu'où doit-on modifier les pratiques agricoles pour permettre à une espèce particulière de vivre sur un territoire ?

Dans un ouvrage riche d'enseignements, Elsa Berthet décrit en détail les tentatives sinon de réimplantation, du moins de survie de l'outarde canepetière dans la plaine de Niort[1]. Elle illustre qu'il n'est pas facile de marier production agricole et maintien de tel ou tel animal dans un biotope sans en payer la totalité du prix, c'est-à-dire payer des agriculteurs à cette seule fin. Là encore la méthode expérimentale montre sa richesse, même quand elle n'est pas couronnée de succès.

L'outarde canepetière est un bel oiseau vivant dans les plaines et qui se nourrit d'insectes. Or sa survie dans la plaine de Niort est menacée. Il était donc intéressant de voir si et comment elle pouvait être protégée.

Les outardes se reproduisent peu parce que les pratiques agricoles détruisent leurs nids et parce que, quand les poussins éclosent, la mortalité des jeunes demeure élevée, faute de nourriture. Les outardes mangent des criquets, or les cultures actuelles leur en laissent peu à se mettre sous le bec. Pour remédier à cet état de fait, il faut donc éviter la destruction des nids par des fauches précoces et offrir des criquets pour que les jeunes se développent. Les criquets

1. Elsa Berthet, *Concevoir l'écosystème, un nouveau défi pour l'agriculture*, Presses des Mines, 2014.

vivent dans des prairies. Pour qu'ils survivent il ne faut pas appliquer d'insecticides, voire d'herbicides ni détruire les nids par des labours précoces. Si l'on crée pour cela quelques champs dédiés, à la fois sources et refuges des criquets, ils ne doivent pas être trop distants (moins d'un kilomètre), couvrir 15 % de l'espace et être de taille moyenne (de trois à six hectares).

Pour l'expérience, la luzerne a été retenue parce qu'elle est appréciée des criquets et des abeilles, elle nécessite peu de traitements phytosanitaires, elle capte grâce à une bactérie symbiotique l'azote atmosphérique (c'est une légumineuse), elle peut ne pas être labourée pendant plusieurs années, elle permet de réduire l'utilisation d'herbicides pour les cultures suivantes, elle offre des fourrages riches en protéines. Toutefois le rendement est incertain, la luzerne est un mets de choix pour certains ravageurs, et notamment les limaces, et nécessite des apports en potassium, phosphore, bore et molybdène. En outre, la rentabilité à l'hectare de cette légumineuse est plus faible que celle des céréales. La gestion agronomique en est difficile. Il faut donc pour aider l'outarde favoriser la luzerne par des incitations économiques.

Cependant, des subventions pouvant aller jusqu'à 500 euros par hectare et par an n'ont pas suffi à créer une filière parce que les agriculteurs de la plaine n'ont pas vendu leur luzerne aux éleveurs de chèvre qui s'approvisionnent en luzerne déshydratée de Champagne-Ardenne. Il est vrai que les contrats étaient limités à certaines zones et d'une durée maximale de cinq ans.

En outre, « *une luzerne produite de façon intensive, avec une forte densité de semis, l'utilisation de produits phytosanitaires, irriguée et fauchée quatre fois par an, n'est pas intéressante pour la biodiversité ni pour améliorer la qualité de l'eau. À l'inverse, produire une luzerne favorable aux outardes, notamment sans la faucher entre mai et juillet, n'est pas intéressant économiquement pour les agriculteurs*[1] ». D'autant plus que le fourrage est meilleur quand la fauche a lieu avant la floraison.

Dans ce cas donc, il n'y a pas d'équilibre agroécologique viable aux conditions actuelles des marchés et des pratiques agricoles, même avec des subventions substantielles. Cela ne veut pas dire qu'il en sera toujours ainsi : chaque écosystème est spécifique. Les sols peuvent en effet varier sur quelques mètres et, avec eux, la flore et la faune. Les amateurs de vin de Bourgogne savent qu'avec le même cépage (le pinot noir) les variations de qualité du vin sont considérables d'une parcelle à l'autre.

Par chance pour cette outarde, passait la ligne de TGV qui va relier Paris et Bordeaux. Les défenseurs de cet oiseau ont obtenu que la SNCF loue cinq cent soixante hectares (pour plus de 360 000 euros par an) pour lui permettre de s'ébattre en regardant passer les trains. Je ne suis pas par principe opposé à une telle mesure, mais pourquoi faire payer les usagers de la SNCF ? Pourquoi seulement cette outarde ? Quid des ragondins, des mulots, des lombrics, des

1. *Ibid.*, p. 182.

castors, des vipères… et des rats des villes ? Qui doit payer ? Comme il n'y a pas partout de ligne TGV, en général ce sont les agriculteurs à qui l'on présente la facture, mais cet exemple montre bien que l'environnement « naturel » de ces derniers tient compte du marché. Les éleveurs de chèvres de la plaine de Niort veulent une luzerne de grande qualité nutritive au meilleur prix, elle n'est pas produite sur place, mais dans les plaines du Bassin parisien. La luzerne écolo-bio qui favorise le développement des jeunes outardes est à la fois onéreuse et de moins bonne qualité nutritive pour cet usage-là. Au nom de quoi ces agriculteurs en paieraient-ils le prix ? Pourquoi ne pas faire payer l'ensemble de la population ? Nul ne doute que l'« impôt outarde » monterait au nez d'une grande partie de la population, mais quel beau nom d'impôt !

Pour l'instant, l'État tente de faire payer les agriculteurs, les urbains ignorent les conséquences dramatiques de ce transfert. Les suicides chez les producteurs de porcs bretons montrent ce qui se passe quand on privilégie le bien-être animal à celui des hommes. Quant à la biodiversité, les espaces intercalaires (haies, talus, fourrés) sont plus déterminants pour le développement des espèces sauvages que le type d'agriculture.

Le loup : de la Bretagne au Yellowstone. Pourquoi ne pas le réintroduire ici comme là ?

Faut-il, en dehors d'espaces clos, réintroduire le loup en Bretagne[1] ? Cette question est moins absurde qu'elle ne pourrait paraître.

Pensant toujours à mon enfance, je me suis souvenu que le loup était très présent dans l'ouest de la France au XIXe siècle. Si j'en avais conscience, c'est parce que, au début du XXe siècle, mes grands-parents avaient acheté une maison qui avait été celle d'un lieutenant de louveterie. Un demi-siècle plus tard, dans les années 1950, j'avais trouvé dans leur jardin l'endroit peu profond où les loups abattus avaient été enterrés. Nous jouions donc en cachette avec des tibias et des crânes de loups, trophées de nos cabanes dangereuses de l'époque. « *Officiellement le dernier loup est tué en Bretagne en 1895. Mais vraisemblablement il en restait quelques-uns jusqu'en 1914 dans les landes de Lanvaux et la forêt de Loudéac*[2]. » Le loup était un danger redouté de tous, il y en avait partout, l'État payait pour le tuer et protéger la population de ce carnassier vorace. Il y a cent cinquante ans existait encore un lieutenant de louveterie par arrondissement. Pourquoi donc aujourd'hui, au titre de la reconstruction des écosystèmes, ne pas permettre à cet animal de venir se cacher dans les champs d'artichauts, de

1. Il en existe quelques-uns dans un parc des monts d'Arrée.
2. Serge Duigou, « La chasse au loup en Bretagne au XIXe siècle », http://www.utl-kreizbroleon.fr/crconf/conf1314/leloup.html.

dévorer quelques poulets bretons ou agneaux de pré salé et mordre les orteils des campeurs en quête de nature sauvage ?

Jusqu'où faut-il remonter pour restaurer un système écologique ? Qu'est-ce qu'un bon état écologique ? Jusqu'à quel point devons-nous partager la nature avec d'autres espèces et, d'ailleurs, qu'est-ce que la nature ? Nous allons voir que même quand un écosystème a été relativement peu touché par l'homme, il n'est pas simple d'agir sur les équilibres écologiques. Le parc de Yellowstone aux États-Unis illustre en quelques mots cette difficulté.

Selon Samuel Depraz et Stéphane Héritier, en 1870, les membres de l'expédition Washburn eurent l'idée de protéger l'extraordinaire plateau de Yellowstone. « *Leur pression finit par aboutir au vote de la loi du 1er mars 1872 qui dispose que "ces terres sont soustraites au peuplement […] et dédiées, en tant que parc public ou aire de détente, au plaisir et au bénéfice du peuple".* »

Cette idée environnementaliste était moins pure qu'elle ne peut paraître car elle avait surtout à l'origine un fondement commercial : l'expédition était financée par une compagnie ferroviaire qui, comme les autres lignes de chemin de fer plus tard en Amérique du Nord, utilisèrent « *les paysages des parcs comme support de leur promotion*[1] ». Quant aux loups, disparus

1. Samuel Depraz et Stéphane Héritier, « La nature et les parcs naturels en Amérique du Nord », *L'Information géographique*, vol. 76, 2012(4), http://www.cairn.info/resume.php?ID_ARTICLE=LIG_764_0006.

en 1930 de Yellowstone, ils ont été réintroduits en 1995. Ils étaient alors quatorze, ils sont environ cinq cents aujourd'hui, tuent plusieurs wapitis par jour, ce qui a pour conséquence que la population des grands cerfs de ce parc est passée en moins de vingt ans de dix-neuf mille quarante-cinq au moment de la réintroduction à trois mille neuf cent quinze en 2012. Cette hécatombe fait le bonheur des peupliers de Virginie qui ne sont plus broutés et se régénèrent. En revanche les wapitis continuent de jouer de malheur.

Il se trouve en effet qu'une grande truite (la truite grise) a aussi été introduite dans les rivières du parc. Or cette grande truite mange les petites truites qui vivent dans l'eau peu profonde des rivières mais, au moment où les ours grizzlys sortent de l'hibernation, ces petites truites qui faisaient leur régal ont disparu et les grandes truites sont hors d'atteinte, car elles nagent dans des eaux trop profondes pour être capturées par les ours. Faute de truite, ces derniers s'attaquent alors à ce qu'ils trouvent sous leurs pattes : les jeunes wapitis nés aux premiers jours du printemps[1].

Tuera-t-on un jour des ours et des loups parce que l'équilibre écologique requiert ailleurs une population plus abondante de wapitis ? Cela est vraisemblable. Quoi qu'il en soit, on constate que tout équilibre écologique est dynamique et qu'il n'est pas facile pour l'homme de conserver la nature dans un état stable et

1. « Le wapiti victime d'une bourde écologique à Yellowstone », *La Presse*, 14 mai 2013, http://www.lapresse.ca/environnement/especes-en-danger/201305/14/01-4650880-le-wapiti-victime-dune-bourde-ecologique-a-yellowstone.php.

moins encore de la préserver comme si l'homme ne faisait pas, si j'ose dire, partie du paysage. Le tourisme des parcs nationaux américains est une attraction mondiale qui crée des emplois à forte valeur ajoutée et l'on voyage de très loin pour découvrir ces espaces presque naturels où les campeurs doivent cependant protéger leur nourriture pour ne pas être réveillés en pleine nuit par des ours gourmands, on ne peut plus naturels !

Le Canada, il est vrai beaucoup moins peuplé, est allé plus loin que les États-Unis dans la conservation de ses espaces et s'efforce d'appliquer à ses parcs la notion d'« intégrité écologique ». Une loi canadienne de 2001 dispose en effet que « *la préservation ou le rétablissement de l'intégrité écologique par la protection des ressources naturelles et des processus écologiques sont la première priorité du ministre pour tous les aspects de la gestion des parcs* ». Comme l'indiquent Samuel Depraz et Stéphane Héritier, « *cette notion de gestion des écosystèmes stipule qu'un espace naturel est intègre si, à la fois, les communautés biologiques indigènes qu'on y rencontre sont intactes et leur processus d'évolution (croissance, reproduction) permet leur maintien à long terme*[1] ». Cela est, je pense, utile et souhaitable quand les espèces indigènes ont été peu touchées par l'homme, qu'il y a une police vigilante pour contrôler les touristes et chasser les braconniers. On pourrait

1. Samuel Depraz et Stéphane Héritier, « La nature et les parcs naturels en Amérique du Nord », art. cit.

aussi ajouter avec fatalisme que cela tient aussi longtemps que le territoire concerné n'a pas de ressources minières abondantes.

En Afrique, comme en Asie, le braconnage est un drame pour les rhinocéros et les éléphants chassés pour leur corne ou leurs défenses ; c'en est aussi un pour les tigres d'Asie recherchés pour leur pelage, les préparations de médecine traditionnelle asiatique à base d'os de tigre et… les vertus aphrodisiaques du pénis de ce puissant animal qui est servi en soupe à 300 euros le bol ! Il n'est pas étonnant alors que ce splendide carnassier ait disparu de Chine ; il en existerait encore quatre cents spécimens dans les forêts de Sibérie, mais leur existence à l'état sauvage est menacée : un tigre abattu se vend 50 000 dollars[1]. En outre, ces animaux manquent de petits rongeurs car ceux-ci se nourrissent de pignons de pin, or ces graines sont ramassées par les Russes pour les vendre aux Chinois qui en raffolent[2]. L'homme perturbe les écosystèmes, ce qui a un profond impact sur les animaux qui se trouvent à la fin de la longue chaîne alimentaire – les grands mammifères marins et terrestres –, mais la vie s'adapte. Darwin avait prévu que dans tout nouvel environnement apparaîtraient de nouvelles espèces : cela se passe sous nos yeux.

1. Selon le Fonds mondial pour la nature, leur nombre serait en légère croissance (trois mille huit cent quatre-vingt-dix en 2015, contre trois mille deux cents en 2010), mais l'on peut se demander si cela ne proviendrait pas d'une amélioration des méthodes de comptage. Il y avait environ cent mille tigres sauvages en 1900 (http://www.worldwildlife.org/species/tiger).

2. Cédric Gras, *L'Hiver aux trousses*, Stock, 2015.

Doit-on arrêter l'évolution sous prétexte de protéger la nature ?

Selon *The Economist*[1], les loups d'Amérique du Nord, encore eux, ayant manqué de partenaires sexuels, se sont depuis deux siècles accouplés à des chiens et à des coyotes. Ce mélange d'ADN semble avoir conduit à la création d'un nouvel animal adapté à son environnement qui étend son aire à tout l'est des États-Unis ; on l'appelle « coyote de l'Est » ou *coywolf*[2]. Il y en aurait des millions. Plus gros, aux mâchoires plus larges et plus rapides que les coyotes, ils peuvent s'attaquer à des jeunes daims et, en meute, sont capables de tuer des élans. Quant à leur cri, c'est un mélange de ceux de leurs ancêtres. Ce nouvel animal aime chasser en forêt comme les loups, en plaine comme les coyotes, mais on le retrouve aussi en ville, à Boston comme à New York où il y en aurait une vingtaine. Les gènes « chien » semblent avoir permis une plus grande tolérance au voisinage de l'homme et au bruit. Ils se nourrissent aussi de citrouilles, pastèques, écureuils des parcs, chats, chiens et, bien entendu, de la nourriture rejetée par les humains. L'article de *The Economist* indique aussi qu'« ils *ont appris le code de la route et regardent des deux côtés avant de traverser* ». Est-ce une nouvelle espèce ? « *En réalité, "espèce" est un concept inventé par les humains. Et [...] ce concept n'est pas précis.* »

1. « Evolution. Greater than the sum of its parts », *The Economist*, 31 octobre 2015.
2. En français, on pourrait tenter de traduire par « loupcoy » !

À l'instar des hommes d'aujourd'hui, hybrides de *sapiens* et de Neandertal, de nouvelles espèces animales peuvent apparaître par hybridation parce que « *c'est le seul moyen pour les premiers qui s'installent dans une aire géographique déterminée de trouver une copine*[1] ». Le taux d'hybridation ne cesse de croître d'ailleurs, surtout dans le règne végétal. Les gènes passent d'une variété apparentée à l'autre ; or, du fait de la mondialisation, les plantes sont de plus en plus en contact les unes avec les autres et, comme le réchauffement climatique modifie l'environnement, les plus aptes dans cet environnement-là survivent.

Il n'est décidément pas facile de conserver la nature en l'état, d'autant plus que plantes et animaux voyagent et parfois créent « naturellement » des drames. Ainsi les autorités chiliennes subventionnent-elles la chasse aux castors et aux visons, espèces introduites pour la première en 1946 et pour la seconde en 1967. Ces animaux prolifèrent, détruisent la flore et la faune parce qu'ils n'ont pas en Patagonie de prédateurs naturels alors qu'ils en ont toujours au Canada, d'où ils viennent. L'équilibre dynamique de la nature est bien loin de l'image statique qu'en donnent les écologistes et avec eux les juristes, car le droit de l'environnement a été construit sur la base d'idéologies fortement manipulées par les écologistes et leurs relais médiatiques.

1. « Evolution… », art. cit.

Une propagande merveilleusement efficace, toujours catastrophiste et le plus souvent infondée

Les ères géologiques, elles-mêmes divisées en périodes, ordonnent le calendrier de la Terre. Ainsi l'ère tertiaire (– 65 à – 1,65 million d'années), celle qui commence après la disparition des grands dinosaures à l'occasion de la fameuse « cinquième extinction » de la fin de l'ère secondaire, se divise en trois périodes : Oligocène, Miocène, Pliocène. Vraisemblablement, pour s'inspirer de cette sémantique, Paul J. Crutzen, prix Nobel de chimie en 1995, inventa le terme d'« Anthropocène ». Cette période nouvelle commencerait au XVIIIe siècle quand, selon lui, l'influence de l'être humain sur la biosphère et la lithosphère a été telle qu'elle est devenue une force géologique. À cet Anthropocène, par essence anthropocentrique, serait associée la « sixième extinction », bien entendu provoquée par l'espèce humaine et non pas, comme ce fut le cas pour les autres grandes extinctions d'espèces vivant aux périodes géologiques antérieures, par un météorite ou un phénomène géologique majeur. Le facteur déterminant serait le réchauffement climatique. Ainsi, selon Elizabeth Kolbert, journaliste du *New Yorker*, en 2050 ce réchauffement « *aura condamné un million d'espèces*[1] ». Pourtant de nombreux biologistes pensent qu'au contraire le réchauffement aura plutôt tendance à accroître qu'à réduire la biodiversité ;

1. Elizabeth Kolbert, *Field Notes From a Catastrophe. Man, Nature and Climate Change*, Bloomsbury, 2006.

il en est de même, par définition, de toute création d'une variété, voire d'une espèce, par manipulation génétique.

Quant à l'autre cause souvent citée de ce prétendu « écocide » qui se produirait sous nos yeux, à savoir l'acidification des océans, une méta-analyse de 2009 précise qu'« *il est douteux que la diversité marine sera impactée de manière significative, au vu des taux d'acidification prévus pour le* XXI*e siècle*[1] ». En outre, Stewart Brand démontre avec talent que ces allégations sont infondées et que, bien au contraire, l'homme dans de nombreuses îles a contribué à réduire de 75 % le taux d'extinction global en luttant contre les rats et autres animaux importés à l'occasion des conquêtes maritimes des cinq derniers siècles[2]. Enfin, Olivier Postel-Vinay rappelle que « *nous ne connaissons aucun exemple d'espèce marine qui se soit éteinte ces cinquante dernières années*[3] ».

Sachant ce que l'homme est capable de faire à l'homme, on imagine ce qu'il pourrait être capable d'infliger à la nature. Toutefois, pour l'instant, l'extinction annoncée n'a pas eu lieu. Il existe 1,5 million d'espèces répertoriée sur terre. Depuis l'an 1500, cinq cent vingt-neuf espèces ont disparu, quinze en mer et cinq cent quatorze sur la terre ferme. Il en existerait encore de l'ordre de quatre millions à découvrir !

1. Olivier Postel-Vinay, « Le bluff de la sixième extinction », *Libération*, 2 septembre 2015.
2. Stewart Brand, « Rethinking extinction », *Aeon*, https://aeon.co/essays/we-are-not-edging-up-to-a-mass-extinction.
3. Olivier Postel-Vinay, « Le bluff de la sixième extinction », art. cit.

Effectivement, les biologistes détectent chaque année des milliers de nouvelles espèces (dix-huit mille par an depuis 2006). Bien entendu, découverte et extinction ne se compensent pas : les « nouvelles » espèces existaient avant d'être répertoriées, elles ne sont nouvelles que pour les taxonomistes.

Néanmoins, ce n'est pas tant la biodiversité qui est menacée que le partage des territoires entre l'homme et les autres êtres vivants. Les préoccupations légitimes ne sont donc pas la disparition des espèces mais leur existence à l'état sauvage[1] et l'attaque des parasites avec lesquels ils entrent en contact du fait de la mondialisation. Pour ce qui est de ces attaques, les espèces végétales et animales (les batraciens notamment) pourraient trouver leur survie en bénéficiant de manipulations génétiques qui les rendraient résistantes aux nouveaux virus, bactéries ou champignons qui les déciment. J'imagine ce que cette perspective peut avoir de cauchemardesque pour les écologistes : la biodiversité sauvée par les OGM ! Cela est cependant possible et heureusement probable mais, comme le remarque Stewart Brand, l'inconvénient majeur des alarmistes, c'est qu'ils empêchent de réfléchir et d'agir : « *Le paresseux romantisme d'une catastrophe imminente provoque une erreur de perspective*[2]. »

1. Les tigres en captivité aux États-Unis sont plus nombreux (environ cinq mille) que tous les tigres du monde à l'état sauvage.

2. Stewart Brand, « Rethinking extinction », art. cit.

Une gestion raisonnée de l'espace

En moins d'un siècle, la planète s'est transformée. La révolution industrielle a apporté son lot de pollution, des écosystèmes ont été détruits, des ressources ont été surexploitées. Ces phénomènes se produisent encore sous nos yeux ; toutefois, beaucoup sont réversibles : si le fog des années 1950 a disparu de Londres, on peut penser que la pollution atmosphérique[1] s'estompera aussi bientôt des grandes villes chinoises, le gouvernement en ayant fait une priorité. L'air y redeviendra plus facilement respirable, les maladies respiratoires diminueront et l'espérance de vie continuera de croître. La Chine, de ce point de vue-là, est donc moins inquiétante que les grandes villes d'autres pays d'Asie, d'Afrique ou d'Amérique du Sud mais là aussi, en dehors des états de guerre, la faim recule et l'espérance de vie s'accroît.

Comme le démontre l'Europe, le développement économique, après des périodes destructrices d'écosystèmes sensibles et de paysages remarquables, permet de protéger, voire de renforcer la biodiversité des territoires. En revanche, cela n'est pas le cas de tous les pays de la planète qui doivent gérer à la fois

1. La pollution de l'air par des particules de poussières, de charbon ou par l'émanation de gaz toxiques ne doit pas être confondue avec le rejet de gaz carbonique qui est un gaz inerte sans danger pour la santé des hommes. Gaz à effet de serre, il a un effet (dont l'importance est débattue) sur le réchauffement de la planète, pas sur l'appareil respiratoire des êtres vivants.

leur croissance démographique et celle du revenu de leurs habitants. Ainsi, en Amérique du Sud comme en Asie, la forêt équatoriale cède du terrain pour permettre la culture du palmier à huile. Dans le sud du continent africain, les riches terres du Kenya propices aux cultures maraîchères et florales ne sont plus celles de la transhumance des grands animaux. On ne voit pas comment on pourrait interrompre cette évolution, même si in abstracto il serait envisageable de lever un impôt mondial afin d'indemniser les pays qui accepteraient de geler une partie de leur territoire pour laisser intacts ces écosystèmes et permettre aux animaux qui y résident de vivre en paix. J'en serais pour ma part partisan, mais je ne vois pas qui serait légitime pour lever un tel impôt et en contrôler le bon usage. Aussi, les écologistes français, faute de pouvoir sauver les quelques dizaines de milliers de gorilles d'Afrique et les dernières centaines de tigres d'Asie, « protègent » les escargots de Quimper qui n'en demandent pas tant.

En outre, la confusion règne entre la disparition d'une espèce et la baisse de la fréquence des animaux de cette espèce. Un article du *Monde* avance que « *si la France abrite, grâce à ses territoires d'outre-mer, une très grande diversité d'espèces animales et végétales, elle se classe au sixième rang des pays hébergeant le plus d'espèces en danger au niveau mondial. L'érosion de la biodiversité est vertigineuse, irréversible*[1] ». Outre le fait que ce ne soit pas tout à

1. Audrey Garric, « La nature, un bien marchand ? », *Le Monde*, 17-18 janvier 2016.

fait exact, il n'y a aucun lien logique entre la première et la seconde phrase de cette assertion. Ce n'est pas parce que la France abrite dans ses départements et territoires d'outre-mer des espèces menacées qu'elle contribue à leur disparition et nous avons vu ce qu'il fallait penser de cette « érosion » de la biodiversité.

Une fois encore, il y a confusion entre la description d'une situation, les raisons qui ont conduit à cet état de fait, les forces économiques, sociales et démographiques qui sous-tendent les transformations en cours et l'appréciation que l'on peut en porter. L'imaginaire a plus d'attrait que le réel. Il est plus facile de juger que de comprendre, comme le montre la manière dont la classe politique, poussée par les urbains, rêve la campagne et impose sa coûteuse et dramatique vision à des agriculteurs victimes de leurs rêves qui, pour eux, deviennent des cauchemars. Oui, les suicides dans les campagnes doivent tout à ces coûteux fantasmes, à cette recherche d'une nature mythifiée, à la croyance que les pratiques agricoles – malgré la concurrence internationale – pourraient être celles qui étaient en vigueur en France il y a un demi-siècle.

La crise de l'agriculture française

Agronomie et écologie : une antinomie fondamentale

Agronomie et écologie, ces deux disciplines voisines sont, du fait de leur a priori philosophique, de leur projet, antinomiques sinon irréconciliables. L'une cherche la stabilité, l'autre l'action. L'écologie tente de comprendre comment s'équilibre la vie animale et végétale sur un territoire donné, le plus souvent en l'absence de toute intervention humaine. L'agronomie en revanche s'efforce de tirer le meilleur parti des atouts de ce territoire pour nourrir les animaux et les hommes. L'une se demande comment conserver l'équilibre préétabli, l'autre comment le bouleverser au profit des hommes.

Bien entendu, il n'y a pas d'agronomie sans compréhension de l'écosystème où l'agriculteur va élever et planter. L'agronome doit en connaître le climat, l'hydrologie et les sols, mais cela ne suffit pas car s'ajoute une dimension économique : si l'agriculteur produit des grains et élève des animaux, c'est pour les vendre et en vivre. Il est donc doublement contraint : par les capacités du sol qu'il cultive et par la demande des acheteurs, demande qui est fonction du prix qu'il envisage (il ne le connaît pas) au moment où il va planter ou se lancer dans l'élevage de telle ou telle espèce domestiquée.

Un autre fait est évident pour lui : si l'agriculteur sort du champ des plantes, à moins que des animaux ne les aient transformés en lait ou en viande, elles ne pourrissent pas sur place ; ces plantes fauchées ou broutées ont extrait du sol des produits azotés et des sels minéraux. L'agriculture utilise la photosynthèse pour produire de la matière organique à partir de l'énergie solaire et du gaz carbonique présent dans l'air[1], mais, outre l'eau, la plante prélève aussi dans le sol des substances qu'il faut remplacer pour que la terre demeure fertile, ce pour quoi il est nécessaire d'épandre des engrais. L'agriculteur doit aussi, le plus souvent, retourner la terre par un labour et y enfouir de la matière organique pour conserver au sol sa structure, lui apporter de l'azote et ainsi nourrir la très riche vie souterraine des lombrics, insectes, taupes, champignons, bactéries… En outre, comme les végétaux sont attaqués par toutes sortes d'êtres vivants (mammifères, oiseaux, insectes, champignons, bactéries, virus…), ils devront être protégés des maladies et des ravageurs. Pour y parvenir, il arrive encore que les agriculteurs s'en remettent aux dieux et autres esprits protecteurs ; ils utilisent aussi parfois des épou-

1. Il n'a donc pas que des effets néfastes.

vantails, mais la plupart s'en remettent douloureusement (il faut les acheter) aux pesticides dont ils ont pu mesurer l'efficacité[1]. En cela ils ne diffèrent pas du reste de la population qui cherche des raticides pour se débarrasser des rongeurs des habitations ou des parents qui tentent d'éliminer lentes et poux de la tête des enfants et donc, pour ce faire, achètent des pesticides.

De plus, comme des plantes, autres que celles que l'agriculteur cherche à produire, aiment aussi les sols préparés et riches, il faut tenter d'éliminer ces adventices, soit physiquement en sarclant, soit de plus en plus en utilisant des herbicides. Enfin, il faut revenir là où l'on aurait dû commencer : à la graine elle-même. Elle a été sélectionnée pour la qualité de ses fruits ou de son feuillage, mais aussi de sa productivité potentielle, de sa résistance aux maladies, de sa capacité à supporter des périodes de sécheresse, de froid, de chaleur ou d'humidité excessifs. Cette sélection a commencé il y a dix mille ans avec les premiers agriculteurs. Elle continue et s'accélère grâce aux découvertes révolutionnaires de la génétique.

Ce fut, pour certaines plantes, il y a un siècle, la possibilité de bénéficier de l'effet d'hétérozygotie par le croisement entre deux lignées « pures » : cet effet

1. En vin de Bordeaux, on estime que s'il ne fallait s'en remettre qu'aux seules techniques de lutte autorisées pour l'agriculture biologique, il n'y aurait une récolte vinifiable qu'une fois tous les cinq ou six ans. Pour l'instant, les parcelles de l'agriculture biologique, très minoritaires, sont protégées par les vignerons qui traitent autour de leur propriété. De surcroît, quand un vigneron dit « bio » craint de perdre sa récolte, il traite !

permet de marier les qualités complémentaires de lignées différentes et la graine issue de ce croisement en sera porteuse pendant une génération[1]. Cela a produit des merveilles, notamment dans la culture du maïs, et c'est d'ailleurs la raison majeure pour laquelle, même sans OGM, les agriculteurs achètent leurs semences. Ils savent compter et s'ils font cette dépense, cela n'est pas par plaisir mais par intérêt : la graine issue de ce croisement a les qualités des deux lignées parentales, ce qui n'est pas le cas des lignées d'origine.

Pour les animaux, la génétique joue aussi un grand rôle et l'insémination artificielle s'est répandue pour faire profiter à plus de mères des qualités des reproducteurs « remarquables ». Avant tout, rappelons ici les lourdes contraintes de tout éleveur : les animaux nécessitent une alimentation quotidienne, peuvent se blesser, être malades, peu ou mal se reproduire ; pour les races laitières, redisons-le encore, la traite doit avoir lieu deux fois par jour...

L'écologue et l'agriculteur sont donc dans des positions bien différentes : l'un laisse faire et observe, l'autre agit et s'efforce depuis toujours d'utiliser la nature à son profit. Ce fut le but incontesté de centaines de générations de paysans qui ont utilisé tout l'espace disponible avec, jusqu'il y a un quart de siècle, le soutien de toute la population. Répétons-le :

1. Ensuite, le grain ne sera pas replanté car, en vertu des lois de Mendel, les gènes vont se mélanger de façon aléatoire à la génération suivante.

il n'y a plus en France de paysages naturels, au sens où tous les paysages de la métropole sont marqués par l'agriculture ou la sylviculture d'aujourd'hui ou d'hier.

L'opposition récente entre écologie et agriculture ne vient pas du fait que l'homme ait utilisé la nature à son profit et qu'il n'existe plus de paysages naturels au sens où ils seraient intouchés, le conflit actuel ne vient pas de l'aspect humain, sinon artificiel de cet asservissement de la nature, mais de la puissance d'intervention offerte aujourd'hui aux agriculteurs par la recherche en agronomie et les industries qui ont permis, dans ce domaine aussi, d'innover. Ce fut déjà le cas au Moyen Âge de l'invention du harnais qui permit d'accroître la force de traction du cheval de trait et constitua à l'époque un progrès, mais plus tard, le cheval-vapeur a provoqué une transformation d'une autre ampleur, puis sont venues la génétique, les biotechnologies, l'analyse des données et tout a changé.

L'évolution de l'agriculture est multifactorielle et tient à la fois à :

– des facteurs techniques : la force des machines, la gamme des engrais et des pesticides, la sélection génétique, la qualité des prévisions météorologiques, la surveillance des cultures par des satellites et des drones, la surveillance des ravageurs et autres pestes ;

– des facteurs sociaux : la formation des agriculteurs, le mouvement coopératif, la cogestion du secteur par la profession ;

– des facteurs commerciaux car, du fait de son poids, la grande distribution pèse à la fois sur les prix et la nature des denrées produites ;

– des facteurs économiques : le financement des investissements, l'ouverture des marchés vers l'Europe tout d'abord puis, progressivement, vers le monde ;
– des facteurs politiques et, notamment, la politique agricole commune (PAC) qui a selon les époques trop ou trop peu soutenu les prix et les subventions à l'exportation.

L'agriculture moderne est utilisatrice de capitaux et… d'intelligence. Chaque fois que je me plonge avec bonheur dans ce milieu et que je rencontre des agriculteurs, qu'ils soient producteurs d'œufs en Bretagne, de maïs en Béarn ou de raisin en Champagne, j'en reviens marqué par leur culture technique et économique. Ils connaissent le cours des matières premières, l'évolution des monnaies, les marchés à terme, mais aussi la chimie, l'épidémiologie, la mécanique et, bien entendu, la zootechnie, la nutrition animale, la physiologie des plantes… Ils testent les allégations de leurs fournisseurs en matière de semences, d'engrais, de machines ou de pesticides. Ils gèrent avec rigueur. Ils suivent les attaques habituelles ou exceptionnelles de leurs cultures avec une qualité qui n'a rien à envier à celle des médecins épidémiologistes et il m'arrive parfois de souhaiter que leur organisation collective et leurs savoirs diffusent aussi dans le monde médical, il en tirerait profit[1].

1. Je ne compare pas ici les médecins et les agriculteurs, ce serait ridicule, mais leurs organisations professionnelles. Cette remarque qui pourrait paraître désobligeante ne l'est que pour ceux qui ignorent l'organisation de la profession agricole.

L'agriculture d'aujourd'hui n'est plus la paysannerie d'hier, encore si présente en France dans les années 1950. Henri Mendras, sociologue, auteur de *La Fin des paysans*, l'a mieux que quiconque compris, analysé et a su en prévoir les conséquences : « *Gardienne de la fertilité de la terre grâce à un équilibre vigilant entre les divers élevages et les diverses cultures, la forme paysanne d'exploitation n'est plus imposée par le système agricole. Le producteur de l'avenir n'aura plus rien de commun avec son grand-père paysan qui était lié à sa glèbe comme une vieille épouse tyrannique et qui avait appris de ses anciens un système de culture et de savoir-faire délicats et raffinés. Il fallait être né pour connaître la terre et bien la traiter : demain il faudra être passé par l'école et disposer de capitaux pour embrasser le métier d'agriculteur*[1]. » En un demi-siècle, la France paysanne a disparu et avec elle l'équilibre d'hier ; néanmoins il existe toujours un équilibre mais il a changé de nature. Quant aux savoir-faire actuels, ils sont différents mais, me semble-t-il, tout aussi « *délicats et raffinés* ».

Il faut avoir plus de soixante ans pour comprendre l'importance de ce bouleversement. Les campagnes aujourd'hui sont vides. En dehors des semailles et de la moisson, il est possible de parcourir des centaines de kilomètres sur les routes de France sans apercevoir dans les champs âme qui vive. La polyculture n'est

1. Henri Mendras, *La Fin des paysans* (1967), Actes Sud, 1992.

plus la règle, les basses-cours ont disparu. Je m'en suis rendu compte en me rendant récemment au Laos où je fus réveillé tous les matins – y compris dans la capitale – par le chant du coq. J'avais oublié l'existence de cette très matinale pendule écologique et j'ai pris conscience qu'il y avait des décennies que je n'en avais plus entendu en France. Quant à l'importance de cette transformation, pour l'apprécier, il suffit de remarquer qu'en 1945, un agriculteur nourrissait à peine cinq personnes, et en nourrit soixante aujourd'hui, et libère ainsi une grande partie des Français des contraintes de la terre, et cela sans aucune reconnaissance des urbains, les principaux bénéficiaires.

Des zadistes aux médias : la presse a choisi son camp

Si les évolutions de l'agriculture et notamment la croissance continue de sa productivité ont permis à beaucoup d'hommes et de femmes de se libérer, les agriculteurs n'en ont retiré que de la méfiance, voire du mépris. Ainsi les émissions de télévision ou les articles de journaux portant sur les dangers sanitaires des pesticides sont toujours des émissions à charge. Certes, comme nous l'écrivons depuis plusieurs années[1], les pesticides sont utiles mais peuvent être dangereux. Ils ont été conçus pour tuer des pestes, parasites de tous ordres (virus, bactéries, champi-

1. Jean de Kervasdoué, *Ils ont perdu la raison*, Robert Laffont, 2014.

gnons, insectes, rongeurs, autres végétaux...) qui attaquent les plantes, détruisent les cultures et produisent des toxines infiniment plus redoutables que les microtraces de pesticides qui pourraient encore subsister après la récolte des graines, feuilles ou fruits. En outre, ces pestes peuvent attaquer les humains, y compris en ville. Du fait de la découverte d'infimes traces de ces produits dans l'alimentation humaine, à en croire certains experts autoproclamés, manger des crudités ou boire de l'eau de source pourrait être aussi risqué que de conduire un camion chargé de dynamite sur une route de montagne. Ils nous inventent donc, à fort relais médiatique, la salade de la peur ; des salades en effet. Car ceux qui sont encore sensibles aux arguments rationnels peuvent découvrir qu'il n'y a aucune raison de s'inquiéter, sauf quand on manipule ces produits souvent, sans protection, ou que les jours de grand vent on les respire à pleins poumons à l'occasion d'un épandage.

Ils ont réussi. Selon les travaux de l'IRSN, après le tabagisme des jeunes, la drogue et l'alcoolisme et bien avant les accidents de la route, les Français pensent que les pesticides font courir le plus haut niveau de risque à la population et que ce risque même serait sous-estimé[1].

Pourtant les agriculteurs ne sont pas plus malades que le reste de la population, au contraire. Selon

1. Institut de radioprotection et de sûreté nucléaire, *Baromètre IRSN. La perception des risques et de la sécurité par les Français*, http://www.irsn.fr/FR/IRSN/Publications/barometre/Pages/default.aspx#.VtA-tRuZDC68.

l'étude AGRICAN, financée par la Mutualité sociale agricole, « *les agriculteurs français sont en meilleure santé que la population française, et [...] montrent une nette sous-mortalité pour la population agricole comparativement à la population générale du même âge et du même département*[1] » ! Les agriculteurs ont aussi une plus longue espérance de vie que la moyenne de la population...

Tant les études américaines que françaises permettent de dire que « *les cancers des appareils respiratoires et digestifs (les plus nombreux dans la population générale) sont moins fréquents chez les agriculteurs. D'autres cancers (essentiellement des cellules sanguines, du système nerveux et de la prostate) sont par contre plus fréquents chez eux, mais comme ils sont plus rares (à l'exception du cancer de la prostate), les agriculteurs sont globalement nettement moins exposés au cancer que la population générale. [...] Les agriculteurs constituent clairement la couche de la population la plus exposée au danger des pesticides. Les expertises disponibles sont toutefois relativement rassurantes en termes d'impact et de maladies professionnelles. Il y a néanmoins deux maladies pour lesquelles un lien avec l'exposition aux pesticides est reconnu en France : le lymphome non hodgkinien et la maladie de Parkinson*[2] ».

1. Mutualité sociale agricole, AGRICAN, septembre 2011.

2. Philippe Stoop, « Pesticides et santé des agriculteurs : les angles morts des expertises sanitaires », *Sciences & pseudo-sciences. Dossier pesticides – ce qu'en dit la science*, n° 315, janvier-mars 2016.

Pour la maladie de Parkinson, Philippe Stoop se demande d'ailleurs si la surreprésentation de cette maladie chez les agriculteurs ne serait pas due à un biais de confusion car les agriculteurs non utilisateurs de pesticides ont aussi une probabilité plus élevée que la moyenne de la population d'être atteints de cette maladie. Il pourrait donc y avoir un facteur, pour l'instant inconnu, autre que les pesticides pour expliquer ce phénomène[1].

Quant au lymphome non hodgkinien (LNH), l'expertise collective de l'INSERM indique que « *les données les plus récentes de la plus importante cohorte prospective actuellement menée aux États-Unis [...] ont montré que ni l'incidence des LNH ni la mortalité observées chez les exploitants agricoles applicateurs de pesticides ou chez les applicateurs professionnels, et chez leurs conjoints, exposés aux pesticides n'est statistiquement différente de celle de la population générale*[2] ». La « reconnaissance » d'une corrélation (et pas d'une cause) n'apparaît qu'après un redressement statistique sur la représentativité de la cohorte. Le lien statistique est faible et n'implique en rien un rapport de causalité.

On peut donc affirmer qu'à l'évidence la santé des agriculteurs est meilleure que celle de la population. Nous ne prétendons pas que c'est grâce aux pesticides, cela n'aurait pas de sens, mais il est malheureusement

1. *Ibid.*
2. INSERM, « Pesticides : effets sur la santé, une expertise collective », 2013.

certain que si les résultats avaient été différents, ces produits nécessaires auraient été considérés comme la cause de cette hypothétique piètre santé.

Rien, absolument rien n'y fait, la désinformation continue aux heures de grande écoute de ces émissions à laisser penser :

– qu'il pourrait y avoir une agriculture sans pesticides ;

– que les agriculteurs n'ont pas les mêmes intérêts que la population, or non seulement ils n'épandent pas ces produits par plaisir, mais ils sont les premiers concernés par leur éventuelle dangerosité, ils ont donc tout intérêt d'être à la fois économes et prudents ;

– que les produits d'aujourd'hui sont dangereux, or ils sont plus sélectifs et plus rapidement dégradables ;

– que les volumes de pesticides utilisés augmentent alors qu'ils ont baissé de 50 % en un demi-siècle et que simultanément la production s'est fortement accrue ; la dose par quintal a donc été divisée par un facteur allant de cinq à dix !

Ainsi, une fois encore, une chaîne de télévision publique désinforme en direct à une heure de grande écoute. Le 2 février 2016, l'émission *Cash investigation*[1] martèle que 97 % des produits alimentaires contiendraient des résidus de pesticides. Pourtant, l'Agence européenne de sécurité des aliments (EFSA),

1. Inconsciemment les journalistes doivent se prendre pour leurs grands confrères américains pour imposer ainsi sur une chaîne publique française (France 2) un titre en anglais !

après avoir contrôlé quatre-vingt-un mille échantillons de fruits et légumes pour la présence éventuelle de six cent quatre-vingt-cinq pesticides de synthèse rapporte que 54,6 % ne contiennent aucun résidu détectable et que 42,8 % en portent des traces mais en quantité inférieure aux seuils fixés pour prévenir des effets nocifs sur la santé[1]. Donc, dit l'EFSA[2], « *plus de 97 % des aliments contiennent des résidus de pesticides dans les limites légales* » – pour être précis le total est de 97,4 %, dont 54,6 % sans rien et 42,8 % en dessous des seuils « *dans les limites légales* ». Toutefois, comme le souligne le communiqué de l'Association française pour l'information scientifique (AFIS), « Cash investigation *a transformé ce titre en : "Plus de 97 % des aliments contiennent des résidus de pesticides". Chacun peut apprécier l'intoxication !* » Outre cette erreur patente, car je ne puis imaginer que des journalistes de talent puissent à ce point ignorer les règles élémentaires de la logique, l'émission ne dit rien des 3 % de l'échantillon (2,6 % en réalité) où les limites légales de pesticides étaient effectivement dépassées. Comme l'indique encore le communiqué de l'AFIS : « *Rien n'a été dit sur ces 3 % pendant l'émission* Cash investigation. *Si 97 % des aliments contiennent des résidus de pesticides, alors les téléspectateurs pouvaient logiquement en déduire que seuls 3 % des aliments*

1. Ces seuils sont très bas et les doses administrativement « toxiques » plusieurs centaines de fois inférieures aux doses biologiquement toxiques, celles dont on a pu démontrer un effet toxique minime chez l'animal. Pour plus de détail, voir Jean de Kervasdoué, *Ils ont perdu la raison*, *op. cit.*

2. Agence européenne de sécurité des aliments.

n'en contiennent pas. Lorsqu'il a été interrogé par un internaute sur ces 3 %, Martin Boudot, le journaliste qui a réalisé l'enquête, a d'ailleurs répondu : "*Les 3 % restants correspondent au bio ou aux aliments à très faible teneur en pesticides.*" *Chacun peut apprécier le contresens*[1] *!* » Pourtant l'étude de l'EFSA ne portait pas sur les nombreux pesticides « naturels » et, bien entendu, l'émission n'a pas rappelé que 15 % des échantillons dits « bio » contenaient aussi des résidus de pesticides de synthèse ! On peut être « bio », mais les croyants ne sont pas toujours pratiquants quand les cultures se font attaquer par des ravageurs et que l'on craint de perdre la récolte. « Bio » peut-être, mais pas suicidaire.

La désinformation continue, cette fois dans un hebdomadaire qui interviewe un médecin plus connu pour ses ouvrages grand public que pour ses travaux universitaires. Il prétend qu'il est « *incontestable* » que les pesticides provoquent des cancers chez les agriculteurs, or nous avons vu que ce n'était pas toujours le cas, loin s'en faut. En outre, il profère une bêtise scientifique à savoir que « *lorsque les corrélations se multiplient, on peut parler de causalité*[2] » ; non, on ne peut pas[3]. Quant à prétendre, comme il le fait dans cette interview, que la pulvérisation de solutions de

1. « *Cash investigation* et les pesticides : quand des contrevérités sont diffusées en *prime time*… », AFIS, 9 février 2016, http://www.pseudo-sciences.org/spip. php?article2589.

2. Dr Laurent Chevallier, cité par Olivia Recasens, « Pesticides : ce qu'il faut savoir », *Le Point*, 18 février 2016.

3. Petr Skrabanek et James McCormick, *Idées folles et idées fausses en médecine*, Odile Jacob, 1997.

bactéries est un substitut viable aux pesticides, je lui suggère de déposer immédiatement des brevets pour ses solutions magiques ; non seulement il aura le prix Nobel, mais il fera fortune !

Pour en revenir à la télévision, il a été prétendu au cours de la même émission que le chlorpyriphos (un pesticide) accroîtrait les cas d'autisme. Il y a effectivement une relation statistique entre ce produit et l'autisme, mais elle est inverse ! Autrement dit, plus il y a de chlorpyriphos, moins il y a d'autisme[1]. Or Stéphane Le Foll, ministre de l'Agriculture, présent à cette émission, s'est quasiment engagé sur le plateau à l'interdire[2]. Bien entendu, personne ne prétend qu'il y a un lien causal entre ce produit et la diminution de l'autisme[3], on peut le regretter quand on connaît cette terrible affection, mais on voit ce que peut produire un mélange de populisme, de démocratie directe, de démagogie, de bons sentiments et d'incompétence.

Mensonges, contresens, l'idéologie de prétendus journalistes diffuse à tout prix. Pourquoi ne dit-on pas que l'émission *Cash investigation* est le fruit d'une collaboration avec Générations futures, association écologiste militante ayant choisi de combattre sous toutes ses formes l'usage des pesticides, et que le partenaire

1. En revanche, la croissance des cultures bio et celle des cas d'autisme sont fortement corrélées mais, contrairement aux faiseurs de peur, nous ne prétendons pas qu'il y ait un lien de causalité !

2. « *Cash investigation* (suite) : l'évangile selon sainte Lucet », 3 février 2016, http://www.forumphyto.fr/2016/02/03/cash-investigation-suite-levangile-selon-sainte-lucet.

3. Quel que soit le sens, « corrélation » ne veut pas dire « causalité » !

de Générations futures est Biocoop, réseau de magasins bio aux implantations en forte croissance ? Ces conflits d'intérêts ne sont-ils pas manifestes ? Quant à « *nos ancêtres du paléo au* XIX*e* *siècle, [qui] choisissaient les plantes à partir d'un savoir empirique*[1] », ils vivaient en moyenne quarante années de moins que nos contemporains et je ne suis pas certain que si on leur avait donné le choix entre les plantes sélectionnées « *à partir d'un savoir empirique* » et les médicaments du XXIe siècle, ils auraient tous, avec enthousiasme, choisi les plantes !

L'histoire a une suite. Alors que le journal *Libération* publie plusieurs articles dénonçant à juste titre le côté « *alarmiste* » des informations « *bidon* » de cette émission de télévision[2], *Le Monde* en prend la défense et de quelle manière ! Il critique tout d'abord l'EFSA pour avoir écrit que « *54,6 % des échantillons* » ne contiennent « *aucun résidu détectable* » alors que l'Agence européenne aurait dû écrire « quantifiable ». Il est vrai qu'à un niveau très bas on ne peut plus quantifier. Quant à la détection de traces infimes non quantifiables, comme elle n'a pas été faite, on ne peut rien en dire, même quand on est journaliste. Toutefois, le plus beau est à venir. « *Revenons à nos 97 %,* écrit l'auteur. *Ce chiffre est-il "alarmiste" ? Procède-t-il d'une volonté d'exagérer le problème ? À l'évidence, non. Car la question n'est pas tant de savoir ce qu'il*

1. Laurent Chevallier, *Moins de médicaments, plus de plantes*, Fayard, 2015.

2. Cédric Mathiot et Pauline Moullot, « Pesticides, épisode 2 : *Cash investigation* a toujours tort », *Libération*, 17 février 2016.

y a dans nos assiettes que ce qui échoue in fine dans nos organismes. [...] Selon les travaux de l'Institut de veille sanitaire, ce n'est pas 97 % d'entre nous qui portons des traces de "phytos", mais 100 %[1]. » Autrement dit, on peut tromper les téléspectateurs à condition que ce soit pour la bonne cause, argument utilisé maintes fois par les religieux de tout poil, mais peu acceptable dans les débats scientifiques. L'émission avait pour thème les pesticides dans les aliments et pas l'existence de traces infimes de ces produits phytosanitaires sur la peau. Il est vrai que l'on en trouve facilement car beaucoup de Français utilisent des insecticides en été, sans parler des parents qui, toute l'année, tentent de chasser les poux de la tête de leurs enfants ! De surcroît, les pesticides ont une utilité sanitaire : ils tuent notamment les moustiques porteurs du virus Zika ou du plasmodium, cause du paludisme.

Avec la force des médias, ces idées fausses diffusent, des gens de bonne foi sont persuadés que leur fils est mort d'un cancer parce qu'il vivait à la campagne à proximité de champs où l'on épandait des pesticides et croient que la maladie de Parkinson est nécessairement imputable à ces mêmes produits. Un pasteur de l'Église réformée de Cognac, Rodolphe Kowal, certainement convaincu, est « *porté par le souffle prophétique* » dans son combat. Selon lui, « *la terre est grillée, la diversité écologique est menacée et*

1. Stéphane Foucart, « Que valent les chiffres de *Cash investigation* sur les pesticides ? », *Le Monde*, 29 février 2016.

la viticulture est dans la dénégation ». Quel vigneron, même bio, nie qu'il cherche à protéger sa vigne ?

Le Grenelle de l'environnement s'était fixé pour objectif de réduire de 50 % l'usage des pesticides dans un délai de dix ans (2018). Cette décision française a conduit de nombreux producteurs à des impasses techniques : ils ne disposent plus d'aucun outil d'intervention pour lutter contre certaines maladies, tant en agriculture conventionnelle que biologique. Or le vignoble européen, qui ne manquait déjà pas de parasites et autres ravageurs, doit faire face à l'arrivée de nouveaux fléaux venus d'Asie ou d'Amérique. Les vignerons sont désarmés d'autant qu'on leur interdit les OGM qui sont la source la plus prometteuse pour diminuer l'usage des pesticides. Le plan ÉCOPHYTO présenté par le ministre de l'Agriculture en janvier 2015 ne les mentionne même pas. Pourtant, si 80 % des cultures de cotonniers dans le monde sont transgéniques, c'est parce qu'elles permettent de diminuer considérablement le nombre de traitements chimiques. Il existe aussi déjà des variétés de pommes de terre transgéniques résistantes à l'oïdium. D'autres variétés qui ne brunissent pas quand on les coupe et qui produisent moins d'acrylamide (substance cancérigène chez le rat, qui apparaît lors d'une cuisson à haute température) viennent d'être autorisées aux États-Unis. Cette peur des OGM est notamment basée sur une profonde inculture en matière de génétique. S'il s'agit de craindre les mutations, il faut savoir que les plantes ressemées à la ferme mutent à chaque génération. On estime ainsi qu'une plante qui aurait été ressemée au cours d'un siècle aurait vingt mille mutations aléatoires (environ deux cents par an) par rapport à la plante d'origine. Le combat mené par les associations contre la commercialisation de nouvelles variétés produites par mutagenèse ciblée est donc incompréhensible. Pourquoi ne s'intéressent-elles pas aussi aux variétés anciennes « *longuement éprouvées par le temps* » alors qu'elles pullulent de mutations inconnues, donc potentiellement dangereuses, et que le temps n'« éprouve » rien, il agit.

Quand on n'arrive pas à faire peur aux êtres humains, même si le plus souvent on y arrive sans trop se forcer, on appelle les abeilles à la rescousse. Pourtant, même si la production de miel baisse en France, entre 1960 et 2012, dans le monde, le nombre de ruches est passé de cinquante à quatre-vingts millions et, entre 2010 et 2012, cinq millions de nouvelles ruches ont été installées sur la planète. En France, en 2015, la production de miel est passée de quinze mille à dix-sept mille tonnes (+13,33 %). À l'évidence les abeilles n'ont pas totalement disparu, même si leur élevage intensif et leur transport posent aux apiculteurs de réels problèmes sanitaires, elles ont aussi des parasites (notamment le *Varroa destructor*) et il existe des insecticides vétérinaires pour les attaquer, ce qui semble ne pas être totalement sans effet sur les abeilles elles-mêmes. Le taux de mortalité actuel est élevé (de l'ordre de 30 %), mais les études françaises ne montrent pas de corrélation entre la mortalité d'un essaim et les traces de pesticides dans la cire ou le miel. En effet, cette mortalité importante est la même en zone de plaine comme en zone de montagne où il n'y a pas de traitement insecticide.

Enfin, on invoque l'économie. Les « *coûts cachés* » des pesticides seraient « *exorbitants* ». Outre le titre amusant de l'article qui laisserait supposer que l'on puisse s'intéresser à l'agriculture en faisant fi de toute connaissance chimique, fût-elle biochimique, l'article, reprenant les déclarations de Thomas Guillemaud, un des coauteurs de l'étude analysée[1], déclare à quelques lignes d'écart : « *Ce qui apparaît comme le plus important reste le traitement des maladies chroniques liées à l'exposition de ces substances* » et, cinq lignes plus bas : « *Mais il existe très peu d'études permettant de chiffrer les coûts sanitaires*[2]. » Autrement dit, c'est très cher mais on n'en sait rien. Ce n'est pas la seule particularité de cette « étude » qui additionne « *les dégâts sur les services écosystémiques offerts par la nature* », en d'autres termes, ce qui se passerait s'il n'y avait pas de production agricole, « *la perte de productivité des travailleurs* » (laquelle ?), le coût de la réglementation des pesticides, l'assainissement des eaux… Tout cela n'a aucun sens. Après un demi-

1. Denis Bourguet et Thomas Guillemaud, « The hidden and external costs of pesticide use », *Sustainable Agriculture Reviews*, vol. 19, mars 2016.

2. Stéphane Foucart, « Les coûts cachés exorbitants des pesticides. Une étude de l'INRA remet en cause le bénéfice d'une agriculture fondée sur la chimie », *Le Monde*, 22 mars 2016.

siècle consacré à l'économie de la santé et d'assez nombreuses études coûts-bénéfices dans ce domaine[1], je n'aurais jamais consacré de temps à l'analyse de tels travaux, s'ils n'avaient pris sur six colonnes deux tiers de page de ce quotidien du soir. Remarquons enfin que ces travaux ne sont pas publiés dans une revue à comité de lecture, mais dans un livre électronique, recueil d'articles de personnes qui s'intéressent à l'agriculture « durable », traduction du *sustainable* anglais. Laissons aux auteurs de ces travaux le dernier mot : « *On ne peut rien dire de ce rapport coûts-bénéfices, car un certain nombre de produits utilisés à l'époque ont été interdits*[2]. » Un non-sujet donc, mais un sujet d'article militant. Pourquoi a-t-il été publié ?

La désinformation organisée est suffisamment grave pour reprendre ici à notre compte ce qu'en 2013 Jean-Paul Morin, chercheur à l'INSERM, répondait aux journalistes de *Cash investigation.* Ce connaisseur des impacts sanitaires des aérosols issus de la combustion des moteurs, interrogé non pas sur les pesticides mais sur les émanations des diesels, a lui aussi été dupé. « *Piéger des gens honnêtes dans leur approche de ces questions comme vous l'avez fait pour ce reportage est la démonstration d'une malhonnêteté intellectuelle patente assénée dans les médias en toute impunité, sans jamais offrir un droit de réponse aux individus que*

1. La plus récente (mars 2016) porte sur les audioprothèses.
2. Cité par Stéphane Foucart, « Les coûts cachés exorbitants des pesticides », art. cit.

vous piégez par une habile censure réalisée au montage pour faire de l'audience prospective qui vous permet de vendre à prix d'or vos reportages aux chaînes télévisées avides de sensationnel. Tout cela est bien pitoyable, et comme d'habitude il n'y aura pas de droit de réponse et la restauration de l'image et de la réalité des faits scientifiquement démontrés, prouvés et validés par la communauté scientifique n'aura pas lieu[1]. »

Pourquoi s'indigner encore quand les scientifiques ne peuvent pas lutter à armes égales, que ce type de mensonge est quotidien.

La remise en cause violente de l'usage des sols pour l'agriculture

Les oppositions à la création du barrage de Sivens sur un petit affluent du Tarn démontrent en outre que la légitimité sans faille qu'avait jusque-là l'agriculture s'est estompée. Cette retenue collinaire n'avait pourtant rien de particulier ni de remarquable. Il existe en France plus de deux mille ouvrages d'art de ce type et leur usage, essentiellement agricole, est bénéfique car, en hiver, ils écrêtent les crues provoquées par les pluies et, en été, ils réapprovisionnent en eau la nappe phréatique. Cette eau est nécessaire aux agriculteurs car, du fait du réchauffement climatique constaté depuis un siècle, les étiages des cours d'eau sont plus précoces, leur débit est donc plus faible au moment

1. Cité dans « *Cash investigation* est en service commandé et ment par omission », 2 février 2016, www.forumphyto.fr/2016/02/02/cash-investigation-en-service-commandé-ment-par-omission.

où la plante a le plus besoin d'eau et, sans barrage, l'on ne peut plus pomper pour irriguer.

Quel que soit cet intérêt, le Collectif pour la sauvegarde de la zone humide du Testet affirme que c'est l'agriculture qui doit s'adapter à l'évolution climatique et pas l'inverse, et donc remet en cause la construction du barrage qui « *détruirait une vaste zone humide* ». Alors que les travaux ont commencé, les opposants appellent à un grand rassemblement le 25 octobre 2014. Deux mille personnes manifestent pacifiquement quand une centaine d'encagoulés se mettent à jeter des engins incendiaires sur les forces de l'ordre. La police réagit, le drame se produit et, dans la nuit du 25 au 26 octobre, une grenade offensive tue Rémi Fraisse.

À cette occasion, les Français découvrent le qualificatif de « zadiste », terme apparu à l'occasion de l'opposition de militants radicaux et anticapitalistes au projet de construction de l'aéroport de Notre-Dame-des-Landes. Il qualifie un militant qui occupe une ZAD (zone à défendre) afin de s'opposer aux projets envisagés car, estime-t-il, ce projet porterait préjudice à l'environnement. Bien entendu, la zone à défendre a été autoproclamée par ces zadistes. « *Ils prétendent incarner un nouvel idéal de justice pour lequel il est possible de renverser le droit. [...] Reprenant et modifiant le fil de la contestation altermondialiste du marché et de l'exploitation, la défense de l'environnement apparaît, dans la perspective des zadistes, comme un nouvel idéal de justice pour lequel il est possible de contester le pouvoir, même démocratiquement élu. [...] Grâce à ces idéaux, une minorité revendique une légitimité pour renverser le droit adopté par la majorité*[1]. » Le droit de la nature serait donc souverain et trouverait dans ces combattants les chevaliers capables de faire régner un ordre « naturel », à tout prix. Tout cela rappelle et appelle des drames ; de Robespierre aux moines de l'Inquisition, on sait ce qu'ont pu se permettre ceux qui s'attribuaient ce type de légitimité absolue et autoproclamée.

En novembre 2014, le président de la République déclare que la mort du jeune militant Rémi Fraisse est un « *drame pour sa famille et pour la nation* » et annonce le lancement d'un chantier pour promouvoir un nouveau modèle de « *démocratie participative* ». Quant à la défense de l'agriculture, le moins que l'on puisse dire c'est qu'à l'échelon national elle fut absente, « *Pour explorer de nouveaux modes d'association des citoyens à l'élaboration de projets, François Hollande donne mission au Conseil national de la transition écologique de faire des propositions de réforme d'ici six mois afin que "les mauvais projets soient arrêtés rapidement, et les bons accélérés". Il prône par ailleurs, dans les situations de blocage, le recours à des référendums locaux, qui valent "toujours mieux que le fait accompli ou que l'enlisement"*[2]. »

1. Pierre Auriel, « La contestation écologiste crée de nouveaux Robespierre », *Le Monde*, 1er juillet 2015.
2. https://fr.wikipedia.org/wiki/Barrage_de_Sivens.

Effectivement, il vaut mieux promouvoir les bons projets et arrêter les mauvais, l'originalité et la profondeur philosophique de tels propos émeuvent, toutefois on peut craindre que les référendums locaux ne soient le plus souvent défavorables aux agriculteurs, car ceux-ci sont devenus minoritaires, même en zone rurale.

Le Parlement s'égare : les mésaventures du bisphénol A

Si l'exemple choisi n'est pas spécifiquement agricole, il l'est de par ses conséquences. L'interdiction en France du bisphénol A (BPA) illustre les dérives nationales en matière de régulation de l'industrie chimique en général, au nom d'une santé publique qui n'en demande pas tant.

L'interdiction d'usage d'un produit chimique ne semble pas, a priori, mériter d'attention particulière, surtout quand on le suspecte d'être un éventuel perturbateur endocrinien. « *Les perturbateurs endocriniens sont des composés chimiques naturels et de synthèse [...] il est de plus en plus vraisemblable qu'ils interviennent comme facteurs de risque dans de nombreuses pathologies chroniques. [...] Leur exposition chimique à faibles doses cumulées par "effet cocktail et bioaccumulation" [...] pourrait constituer un des éléments de l'interface génétique/environnement*[1]. »

1. Patrick Fenichel et Jean-Louis Wemeau, « Médecine de l'environnement : vers une COP 21 ? », *La Presse médicale*, vol. 45, n° 1, janvier 2016.

Inquiétant ! Oui, mais à y regarder de plus près, les auteurs ne parlent pas de cause, mais de « *facteur de risque* » ; ils ne précisent pas le niveau de risque qui serait pathogène ; ils utilisent le conditionnel (« *pourrait* ») et n'indiquent pas le mélange du cocktail et les mécanismes de bioaccumulation ! Le bisphénol A pourrait en effet contribuer à l'augmentation de cancers hormonodépendants ; toutefois, cela n'a été montré que chez les rongeurs et à des doses élevées, pas chez les humains, malgré des centaines de travaux portant sur ce sujet.

Ce produit qui constituait notamment le film qui tapisse les boîtes de conserve, plutôt moins toxique que des milliers d'autres d'usage familier (à commencer par l'eau de Javel), a fait l'objet d'une loi promulguée le 24 décembre 2012. Fait exceptionnel en la matière, elle fut applicable dès le 1er janvier 2013, soit huit jours plus tard ! Ainsi, les industriels de l'agroalimentaire qui avaient passé commande aux fabricants d'emballage en novembre et décembre 2012 ont dû les refuser dès le 2 janvier 2013 : ils étaient devenus entre-temps non conformes à la législation en vigueur ! Mais cela n'était encore qu'un moindre mal.

Deux éminents professeurs de médecine, Henri Rochefort et Pierre Jouannet, dans leur rapport à l'Académie nationale de médecine de novembre 2011, indiquaient : « *Même si on se limite pour le BPA aux plastiques des emballages alimentaires et des résines dentaires, les plus préoccupants au plan sanitaire,* ***une interdiction radicale paraît irréalisable tant que nous ne disposons pas de produits de remplacement***

ayant fait la preuve de leur efficacité et de leur innocuité. L'échéance de janvier 2013, qui ne se fonde sur aucune avancée industrielle connue, est dans ces conditions trop arbitraire et ne peut qu'alarmer et désorienter inutilement les consommateurs. » Autrement dit, il y a peut-être quelque chose donc, dans certaines circonstances, il faut être prudent. Mais étant donné les bienfaits de ces substances qui, par exemple, ont rendu hermétiques les boîtes de conserve et fait disparaître le botulisme, lui souvent mortel, il importe de ne pas prendre de décisions coûteuses et irréversibles. C'est cependant ce qui a été fait.

Le Parlement n'a rien écouté, s'est estimé compétent en santé publique et… s'est ridiculisé. Cette interdiction a accru le chômage en France (entre huit mille et dix mille emplois supprimés), aggravé le déficit de la balance des paiements (de l'ordre de 2 milliards d'euros), augmenté le coût de fabrication des produits qui jusque-là utilisaient du BPA, réduit la production de légumes industriels français[1] et, bien entendu, le consommateur a payé de son portefeuille, et peut-être de sa santé, cette nouvelle exigence.

Au 1er janvier 2015, non seulement il a été interdit d'utiliser en France des emballages employant cette

1. L'interdiction du bisphénol A en France accroît le coût des conserves françaises de légumes car les fabricants doivent trouver un produit de substitution pour enduire l'extérieur des boîtes afin d'éviter le botulisme. Les produits alternatifs sont pourtant moins stables, plus onéreux, moins maîtrisés dans leur application ; quant à leur éventuelle dangerosité, comme ces produits ont été peu testés, elle est inconnue.

résine, mais il était également interdit d'exporter de France ces produits, y compris vers tous les autres pays européens qui n'en bannissaient pas l'usage ! Les sociétés multinationales ont donc délocalisé leur production et les sociétés françaises ont fermé leur site et cela pour rien. En effet, du fait des modifications dans la fabrication du BPA (sa version actuelle est beaucoup plus stable et ne migre pratiquement plus dans les aliments), l'EFSA et, avec elle, les autres pays européens ont considéré qu'il était sans danger pour toutes les catégories de population (fœtus, nourrissons, jeunes enfants et adultes) et ont donc contraint la France à revenir sur son interdiction d'importation des produits en contenant !

Ce n'est pas tout. Comme en France il demeure du bisphénol A vieille manière dans de très nombreux produits, notamment dans les tuyaux d'adduction d'eau, les administrations compétentes françaises, embarrassées, ont tenté de limiter les dégâts du législateur. Il faudrait en rire : jugez-en.

Tout d'abord l'industrie de distribution d'eau potable a été exclue du champ d'application de la loi car l'eau potable n'est pas, au sens juridique, une denrée alimentaire ! Le droit a de merveilleux oublis ou, plus profondément, les juristes se sont depuis longtemps aperçus que l'application de la réglementation alimentaire à l'eau rendrait quasiment impossibles ses autres usages ! Puis l'administration a déclaré que les résines époxy pourraient malgré tout continuer à être utilisées dans les cuves de stockage, dans celles où se conduisent les fermentations qui donnent des vins et des fromages, dans les tuyauteries et citernes comme celles des camions qui transportent des produits alimentaires liquides (lait, huile, vin...). Il n'était en effet pas possible de pénaliser toutes ces industries en ne leur offrant aucune alternative. Le plus remarquable enfin provient de ce qu'avant que l'Union européenne ne contraigne la France, ces résines étaient autorisées dans les dispositifs médicaux et notamment dans les perfusions, alors que, dans ce cas, le contenu passe directement dans le sang des patients, y compris des nouveau-nés ! Qu'aucun lecteur ne s'inquiète, le corps médical considère que le risque est négligeable et le bénéfice évident. Comme l'Agence européenne compétente a estimé qu'il n'y avait pas de danger, la Direction générale européenne de la santé et des consommateurs (DG SANCO) a rendu son verdict définitif début 2015, une fois que le mal industriel était fait en France.

Récapitulons. Le Parlement se place, sans légitimité, sur le champ de la santé publique et si le droit peut dire ce qui est juste, équitable, voire prudent, il n'a aucune compétence pour dire ce qui est vrai. Pendant ce temps, la recherche mondiale produit une variété très stable de ce produit de protection des emballages, qui ne migre quasiment plus vers les produits alimentaires. Le risque, déjà infinitésimal, devient indétectable. Les autorités internationales et nationales s'en satisfont, sauf en France où il y a une loi. Mais comme la loi peut avoir des conséquences financières dévastatrices, on cherche à en réduire le champ d'application en redéfinissant ce qu'est un contenant ou en rappelant que, juridiquement (ouf !), l'eau n'est pas un produit alimentaire. Néanmoins, l'application même limitée conduit à transférer une production significative à l'étranger : 2 milliards d'euros !

Le Parlement persévère avec les néonicotinoïdes

L'errance continue au printemps 2016, toujours avec les mêmes acteurs, toujours avec les mêmes arguments, toujours avec la même presse, avec seulement en sus l'argument des effets de ces pesticides sur les abeilles dont nous avons déjà parlé. Il s'agit cette fois des néonicotinoïdes, insecticides dont la formule chimique est dérivée de la nicotine, alcaloïde du tabac on ne peut plus « naturel ». Par trente voix contre vingt-huit, l'Assemblée nationale vote le 18 mars 2016 un article de la loi « biodiversité » interdisant à partir du 1er septembre 2018 l'ensemble des spécialités phytosanitaires à base de néonicotinoïdes. Cette proposition du député socialiste Gérard Bapt était soutenue par la très récente secrétaire d'État à la Biodiversité, Barbara Pompili, contre la position officielle du gouvernement. Il est vrai que la position du ministre de l'Agriculture, Stéphane Le Foll, a évolué au cours du temps. Après avoir choisi d'évoquer en 2012, auprès des instances européennes, une éventuelle interdiction de ces produits, il semblait avoir compris depuis qu'il était ministre de l'Agriculture leur innocuité relative et leur importance. Pas vraiment, semble-t-il, car s'il a très mollement résisté à l'offensive médiatico-écologique, le moins que l'on puisse dire est qu'il n'a pas rameuté les députés de la majorité et a laissé faire sa collègue. Peut-être se disait-il que, comme toujours, le président de la République ne trancherait pas, et qu'il était sage de laisser souffler le vent médiatique, avant de découvrir le sens de la girouette présidentielle.

Après cet épisode de mars, le projet va passer au Sénat, revenir à l'Assemblée nationale avant la fin de l'année 2016. Le ministre de l'Agriculture croit peut-être avoir le temps et sous-estime, une fois encore, les ravages de son indécision. On aurait pu penser pourtant que la chaleur de l'accueil qui lui a été réservé au salon de l'Agriculture quelques jours plus tôt aurait pu le faire réfléchir mais, à l'évidence, les arrangements politiques en préparation de la future élection présidentielle sont, pour le président de la République et son porte-parole, d'une autre importance. Les dégâts potentiels sont, là encore, considérables. Pourtant l'Agence nationale de sécurité sanitaire de l'alimentation, de l'environnement et du travail (ANSES), agence compétente, avait déclaré aux députés : « *Votre vote aura des conséquences capitales pour l'avenir de la filière fruits et légumes françaises.* » On croyait que l'Assemblée nationale avait souhaité renforcer ces agences indépendantes… jusqu'à ce que cette indépendance permette de souligner que les croyances du lobby écologique sont sans fondement !

Une telle décision :

– est contre-productive pour la protection des abeilles, car elle obligerait les agriculteurs à utiliser les produits plus anciens et plus toxiques ;

– est en contradiction avec le droit européen, car elle fait fi des instances d'évaluation, compétentes en la matière, et de la notion juridique de libre concurrence intracommunautaire ; elle serait donc, comme pour le bisphénol A, un jour, annulée ;

– est une insulte à l'intelligence des arboriculteurs : ils savent l'importance essentielle des pollinisateurs et ne traitent donc qu'hors des périodes de floraison – jusqu'ici sans aucun problème pour les pollinisateurs de tout poil et de tous bourdonnements ;

– néglige les mesures toxicologiques qui montrent que ces produits, bien utilisés, ne laissent pratiquement aucun résidu et ne sont pas la cause de la mortalité des essaims ;

– rend coûteuse, voire impossible la culture en France de certains fruits et légumes.

La situation déjà grave de la filière fruits et légumes s'aggraverait et l'impact en termes d'emploi se chifferait en milliers. Quant à la réputation de la France, vu sa manière de bafouer l'expertise, le savoir et l'avis des instances « indépendantes » qu'elle a elle-même créées, elle est descendue si bas qu'une autre affaire ne fera que nourrir les préjugés peu flatteurs des experts étrangers et des firmes multinationales à l'égard de notre pays. Il est vrai que certains élus pensent que l'on pourrait se passer de ces entreprises capitalistes.

Une fois encore, appliquer le principe de précaution c'est dépenser des milliards d'euros pour des conditionnels, c'est favoriser le chômage pour des lubies, c'est sortir la France du XXIe siècle.

Pourtant, puisque en toile de fond la référence est toujours sanitaire, il y a tant de sujets on ne peut plus connus, urgents, répertoriés qui sont gravement sous-financés. Je pense au dépistage et à la prise en charge de l'autisme chez les enfants, ou encore à l'appareillage des sourds (un million de Français appareillables ne sont pas équipés). On pourrait ajouter des pages et des pages de dépenses publiques utiles, sinon nécessaires, à commencer par la reconstruction des bâtiments universitaires dont le délabrement est une honte, mais la classe politique sacrifie à ses faiseurs de peur son avenir et sa jeunesse.

Les désherbants

Un débat de même nature a lieu enfin sur l'utilisation du désherbant le plus utilisé dans le monde : le glyphosate, la molécule active du Roundup et de très nombreux autres désherbants aux différentes marques commerciales. Ce produit, essentiel pour de nombreux agriculteurs, n'a pas d'équivalent à moins de changer de façons culturales. S'il n'est plus impossible que d'ici une dizaine d'années des automates sarclent les mauvaises herbes, comme cela était autrefois fait à la binette, on n'en est pas encore là.

Comme pour le bisphénol A, les experts européens estiment que le risque cancérigène de l'herbicide est « improbable ». En revanche, des associations écologistes et des experts « indépendants » laissent penser que ce produit pourrait être génotoxique et donc potentiellement cancérigène. Certes, le Centre international de recherche sur le cancer (CIRC)[1] estime « *disposer de preuves fortes de la génotoxicité du glyphosate* », mais la dose d'exposition n'est pas précisée. Faut-il rappeler que des produits alimentaires familiers (moutarde, poivre, café…), quand ils sont testés comme s'ils étaient des médicaments, sont cancérigènes chez le rat ? Dans ces cas, il ne s'agit pas de preuves « *fortes* » mais de preuves tout court[2] et pourtant, avec des milliards d'autres êtres humains, je continue de boire du café, à mettre du poivre et de la moutarde sur ma viande parce qu'il est évident que ces aliments ne sont pas toxiques à la dose d'usage courant. En outre, si les anti-OGM laissent penser que le glyphosate est dangereux, il l'est beaucoup moins que les herbicides qu'il a remplacés : il est classé par l'Organisation mondiale de la santé dans la deuxième catégorie pour ce type de produit, la moins dangereuse donc.

Une fois encore, dans ce cas, des journalistes jettent le doute sur l'honnêteté des experts qui ne participent pas à leur combat idéologique et cela sans présenter

1. C'est ce même organisme qui a des doutes de nature identique sur la viande rouge.

2. Jean de Kervasdoué, *La peur est au-dessus de nos moyens*, Plon, 2011.

les arguments de fond ni démontrer en quoi ils ont pu être malhonnêtes.

Des conséquences profondes

Les fruits et légumes

La production de fruits et légumes baisse depuis quinze ans en France. Si la première cause de cette baisse est le coût de la main-d'œuvre, « *la deuxième source de compétitivité tient à la réglementation environnementale et en particulier phytosanitaire*[1] » au point que la production commerciale devient dans certains cas économiquement impossible. Comme les interdictions conduisent à des impasses techniques – autrement dit, il n'existe plus de produit permettant à l'agriculteur de lutter contre certaines maladies –, les productions se font ailleurs qu'en France. En 2014, 80 % de la production française d'huile d'olive a été perdue du fait de la mouche de l'olive. Il existait pour s'y attaquer des produits efficaces, mais ils étaient interdits en France. Le consommateur en est-il mieux protégé pour autant ? Non, il l'est moins, car la France importe alors ces fruits de Turquie, de Grèce, d'Espagne ou d'Italie quand ce n'est pas de Chine, de Nouvelle-Zélande, d'Afrique du Sud ou du Chili, pays où la réglementation – y compris pour ceux qui sont au sein de l'Union européenne – est plus souple.

1. Emmanuel Demange, « La production fruitière française », *Agro Mag*, janvier-février-mars 2015.

Le verger français vieillit. La balance des paiements se détériore. Les Français mangent des fruits qui ont mûri sous d'autres soleils avec une dose inconnue de produits phytosanitaires. La situation s'aggraverait si la loi votée en première lecture au Parlement en mars 2016 était adoptée et promulguée.

Chute de l'agro-industrie

La part de l'agro-industrie française ne cesse de diminuer. Entre 2000 et 2013, la part de marché de la France est passée de 17 % à 12 %. La balance commerciale n'est excédentaire que grâce aux vins et spiritueux, les autres produits alimentaires sont en déficit de 4,1 milliards d'euros.

Menace sur les jardins

La loi sur la transition énergétique prévoit la suppression des produits phytosanitaires issus de la chimie de synthèse dès 2017 pour les collectivités (donc les jardins publics) et dès 2019 pour les particuliers. Il faut s'attendre à des jardins sans fleurs et des ronds-points caillouteux parce qu'il n'y a pas sur le marché d'alternative qui permettrait de lutter contre les envahisseurs de nos jardins publics ou privés et par exemple, pour n'en citer qu'un, la pyrale du buis. Que fera-t-on à Versailles dès l'année prochaine quand les chenilles se régaleront des buis du jardin à la française dessiné par André Le Nôtre ? Quant aux allées, sans herbicide, elles seront couvertes d'herbes folles.

La crise du porc

Comme dans le cas des fruits et légumes, cette crise a plusieurs origines. Là encore, la première est le coût de la main-d'œuvre mais la seconde provient aussi des nouvelles réglementations en matière d'élevage porcin qui imposent notamment une libre circulation de la truie en dehors de la porcherie et coûtent 150 000 euros en moyenne par exploitation, alors que les prix baissent et que le coût du travail pèse sur les exploitations et les abattoirs français.

L'agroécologie

Utiliser le milieu naturel, les sols, le climat à son profit, telle est l'obsession de l'agriculteur, il laisse agir la nature, comme le judoka utilise l'énergie de son adversaire pour le maîtriser, telle est sa stratégie pour produire des aliments qu'il vend sur un marché. Si donc il trouve de meilleurs assolements, s'il peut associer des céréales à des légumineuses ou redévelopper des prairies permanentes, il le fera si cela est économiquement viable. Les agriculteurs n'ont pas pour ambition de laisser faire une nature qui n'a pas besoin d'eux et qui ne produit rien, sauf des abris impénétrables pour animaux sauvages et des broussailles pour incendies. Il faut produire et, pour produire, il faut planter ou repiquer sur un sol où va pousser la plante.

Une fois en terre, toute plante va être soumise à de nombreuses agressions et doit être protégée, notamment par des produits phytosanitaires, à moins que la graine ait déjà été enrobée de substances protectrices. Pour l'agriculteur ces produits sont un mal aussi onéreux que nécessaire. Se plaçant dans cette perspective, l'Union européenne souhaite réduire les risques des pesticides pour les agriculteurs et les consommateurs ; la France désire, elle, réduire l'usage des pesticides, ce qui n'est pas du tout la même chose ! La réglementation française fait donc ainsi l'hypothèse que tout usage est risqué, que le rapport bénéfice/risque penche systématiquement du côté du risque et prive dès lors ses agriculteurs d'évidentes solutions, limite, voire fait disparaître certaines productions. L'administration de l'agriculture vient d'ailleurs d'imposer aux négociants privés ou coopératifs de signer des « certificats d'économie de produits phytosanitaires », alors que les fournisseurs ne sont que des intermédiaires et n'utilisent pas ces produits, ils ne font que les vendre ! Cela promet de belles bagarres juridiques.

L'administration française préfère alourdir les exigences bureaucratiques quand il existe d'élégantes et efficaces solutions techniques dont elle se prive. La France s'interdit toujours de jouir des bienfaits des plantes génétiquement modifiées (PGM). Elles peuvent pourtant offrir une résistance très efficace aux ravageurs et diminuer considérablement l'épandage de pesticides. Les grands pays agricoles ont adopté ces PGM depuis vingt ans car les bénéfices sont évidents : meilleur rendement, produits plus sains, moins de labours et donc moins de rejet de gaz à effet de serre, moins d'exposition des agriculteurs aux produits phytosanitaires… Des bénéfices réels nombreux, tangibles, vérifiables, mesurables. Peut-on sérieusement être « agroécologiste » sans devenir un farouche défenseur de ces plantes, alors que leur succès est évident et qu'il n'y a aucun problème sanitaire ou environnemental signalé ?

Quant aux sols, il faut y maintenir de la matière organique ; on y est longtemps parvenu en associant agriculture et élevage. Aujourd'hui on peut aussi abandonner les labours, maintenir en permanence une couverture des sols, en faisant des semis « directs » et en utilisant des herbicides, mais là encore les agriculteurs sont placés devant des injonctions paradoxales. « Limitez le rejet de gaz carbonique et donc le labour, mais n'utilisez pas d'herbicide pour éliminer la couverture végétale avant le semis de printemps ! » leur dit-on, or c'est impossible, il faut choisir.

En tant qu'ingénieur agronome, j'ai trop brièvement esquissé quelques pistes de ce que pourrait être une agroécologie rationnelle, mais ce n'est pas de cela que parlent ses thuriféraires quand ils invoquent ce terme : eux parlent d'une religion écologiste, anticapitaliste et rousseauiste, habillée d'agronomie partisane. Un de ses grands prophètes est Pierre Rabhi ; il a de nombreux compagnons de route dont Jacques Caplat, avocat de l'agriculture biologique. « *La pratique agroécologique a le pouvoir de refertiliser les sols, de lutter contre la diversification, de préserver la biodiversité (dont les semences), d'optimiser l'usage de l'eau... Par la revalorisation des ressources naturelles et locales, elle libère le paysan des intrants*[1] *chimiques et des transports générateurs de tant de pollution... Enfin, elle permet de produire une alimentation de qualité, garante de bonne santé pour la terre, pour ses habitants et pour ceux à venir. Et de nombreuses études internationales confirment désormais que ses rendements sont largement aussi bons que ceux de l'agriculture chimique*[2]. » Amen !

Quelles merveilles ! Un tel discours n'a-t-il pas l'allure d'un prêche ? S'il est vrai que certaines des techniques évoquées peuvent sensiblement améliorer la productivité très faible de l'agriculture traditionnelle, elles n'atteignent jamais les rendements de l'agriculture contemporaine. La première question posée par de telles techniques est celle du rendement, or s'il y a moins de rendement, pour le même volume, il faut plus d'espace. Ces techniques requièrent aussi plus de main-d'œuvre, beaucoup plus de main-d'œuvre. Certes, cela peut créer des emplois, s'il y a un marché. À l'heure actuelle, il en existe un, la grande distribution et des chaînes spécialisées s'en sont emparées : c'est celui des bobos bio. Il n'est pas infini et l'on peut prévoir, du fait de la surproduction vraisemblable, l'arrivée de la crise du bio avant l'an 2020. Le « diktat spéculatif des marchés » arrivera un jour, le jour où l'offre dépassera la demande ! Il ne restera qu'un

1. Un intrant est un produit apporté à la terre et aux cultures.

2. Jacques Caplat et Pierre Rabhi, « L'agroécologie est adaptée aux populations les plus démunies », *Le Monde*, 17 mars 2016.

marché de produits de luxe, pour une clientèle privilégiée, disposée à payer le prix pour des produits plus frais, parfois au meilleur goût, mais il ne pourra pas concerner 100 % de la production agricole.

À cette nuance près, comme toujours en économie, moins de rendement et plus de travail se traduisent pour un même produit par moins de revenus. Certes, sans aucun doute, si ces prêcheurs étaient entendus, des agriculteurs « réinvestiraient » les campagnes, mais comme en 1930, avec un niveau de vie comparable, pas loin de l'autosubsistance donc. Quant à aller chercher les produits à la ferme comme ils le prônent encore, imaginez-vous, habitants des grandes villes, voyager deux heures pour aller chercher trois salades, une barquette de fraises et un litre de lait ? Quel temps perdu ! Quelle pollution ! Cette fausse bonne idée semble aussi généralisable que les toilettes sèches (toilettes où la sciure de bois remplace l'eau) de José Bové qui, si elles étaient généralisées en France, supposeraient que l'on abatte douze millions d'arbres pour fabriquer de la sciure et qu'au moment des vidanges on fasse tourner des milliers de camions pour en déverser l'odorant produit sur des millions d'hectares, ce qui saturerait les nappes phréatiques de nitrates.

S'il y a une cohérence en la matière, elle est à rechercher dans les croyances, les idéologies et… le Grenelle de l'environnement qui a sacrifié l'agriculture française au maintien de la filière électronucléaire. Les écologistes sont des apôtres de la décroissance ; il est donc toujours surprenant que François Hollande, le chercheur de croissance, l'inverseur déclaré de la courbe du chômage, et ses gouvernements ne se soient pas aperçus que dans ce domaine notamment, ils avaient été guidés par les écologistes sur le chemin opposé. Il est vrai que ces derniers – eux – semblent avoir une idée de là où ils veulent aller.

Reste alors de l'agroécologie un rêve soixante-huitard, une nostalgie de l'agriculture des années 1950, avec ses petites fermes, notion conservatrice qui offre une très mauvaise utilisation de l'espace. Les rendements sont médiocres, la ferme est dans l'incapacité de faire vivre une famille, sauf en autarcie. Alors que l'agriculture, en France, est considérée comme une nuisance malodorante, polluante, épandant des pesticides sur tout ce qui pousse et, ce faisant, détruisant les insectes, la demande mondiale de produits agricoles ne cesse de croître. Aux États-Unis, le meilleur taux de rentabilité des placements financiers entre janvier 1994 et décembre 2013 a été le foncier agricole (12 %), supérieur de trois points à l'indice Standard & Poor (9 %). « *Dans les quarante années qui viennent, l'humanité devra fournir autant d'aliments qu'elle en a produit depuis dix mille ans* », annonce *The Economist*[1]. Le magazine prévoit d'ailleurs une plus grande mise sur le marché des terres agricoles (aujourd'hui à 90 % des propriétés familiales), car les agriculteurs n'ont pas de successeurs et le prix de la terre est trop

1. « Barbarians at the farm gate », *The Economist*, 3 janvier 2015.

élevé pour que l'un des descendants compense financièrement les autres héritiers. Outre le fait que cet investissement a un cycle dissocié des autres valeurs, il baisse moins en temps de crise.

Le fonds souverain du Qatar achète des terres en Australie. Dans le Kerala, en Inde, un hectare de terre coûte 150000 dollars (oui, vous avez bien lu), alors que le pays est très pauvre. « *Achetez de la terre*, disait Mark Twain, *on a cessé d'en fabriquer.* » En attendant, en France, on fait peser sur elle un poids considérable, au nom d'une décroissance implicite et de peurs alimentaires que nous allons à présent analyser.

Alimentation : ils se sont tant trompés !

Il y a un demi-siècle encore, les repas des Français étaient réglés par leur vie familiale et sociale. Les hommes rentraient déjeuner chez eux et, quand ils travaillaient trop loin du domicile, leur épouse préparait une gamelle ou un casse-croûte. En un demi-siècle, tout a changé. À l'heure du déjeuner, la famille est dispersée, les repas de midi se prennent dans les cantines scolaires, les restaurants d'entreprise, les fast-foods ou autres échoppes de restauration rapide et parfois, pour les plus aisés, au restaurant. Les enfants, dès leur plus jeune âge, choisissent seuls. Le rythme cérémonial des trois repas par jour à la table familiale est pour les plus âgés un souvenir. Le dîner qui se prend à heure fixe, à la maison, avec le même repas pour tous, n'est plus la règle. Certains grossissent, d'autres pas, un petit nombre s'alimente à peine[1], mais globalement l'obésité s'est beaucoup accrue. Ainsi, en 2012, 15 % des adultes français sont obèses contre 6,1 % en

1. L'anorexie frappe essentiellement les jeunes filles (neuf filles pour un garçon), 1 % à 2 % seraient atteintes. Il n'y a pas d'évolution récente de ces taux.

1980 ; toutefois, pour la première fois, depuis 2010, cette croissance commence à se ralentir[1]. Outre la gêne qu'il procure, le surpoids est un facteur de risque de nombreuses maladies (diabète de type 2, hypertension artérielle, maladies cardiovasculaires, arthrose, maladies respiratoires…).

La peur s'installe. Les conseils alimentaires inondent les médias et produisent une lucrative cacophonie. Un nombre croissant de Français(es) passent à table comme s'ils entraient dans une pharmacie, en se demandant à chaque bouchée si elle fait grossir, si elle est bourrée d'oméga-3, si elle a les bonnes vitamines et la juste dose d'oligoéléments. Malgré cette constante préoccupation, peu sont satisfaits de leur poids. L'orthorexie, cette manière de s'intéresser de façon obsessionnelle aux aliments, à leur composition, à leur provenance et à leurs effets, se développe. Accablés par des injonctions multiples, sinon contradictoires, les menus des orthorexiques se restreignent, ce qui pose à la fois des problèmes d'alimentation et de vie sociale. Les orthorexiques vont « *jusqu'à s'enfermer dans un carcan qui n'aboutit pas à l'état espéré, mais à un déséquilibre, un état de carence, avec des désordres biologiques à la clé… L'orthorexie se heurte à une énorme difficulté psychique et sociale… L'orthorexique est pris dans un dilemme : se construire à travers des idéaux contraignants, au risque de perdre l'amour des autres, ou*

1. INSERM, « Obésité », janvier 2014, http://www.inserm.fr/thematiques/physiopathologie-metabolisme-nutrition/dossiers-d-information/obesite.

composer avec l'amour des autres en trahissant ses idéaux[1] ».

Connaissance en nutrition animale et ignorance en nutrition humaine

Et pourtant, depuis plus d'un demi-siècle on connaît bien, voire très bien l'alimentation… animale, tout au moins chez les sujets jeunes. Car tous les animaux d'élevage, à l'exception des poules pondeuses et des productrices de lait (vaches, brebis, chèvres…), sont abattus à la fin de la période de croissance qui, chez les humains, serait donc la fin de l'adolescence. La France était d'ailleurs en la matière une heureuse exception et le dernier pays où l'on abattait encore des bovins à l'âge de trois ans parce que alors leur viande avait meilleur goût ! Aux États-Unis, les mêmes animaux, poussés aux antibiotiques, étaient abattus à dix-huit mois. Cette singularité française s'estompe car un an et demi d'élevage coûte cher et peu d'amateurs sont disposés à payer le prix pour cette amélioration de goût, même si, avec quelques autres, j'en fais partie. Aussi le plus souvent mange-t-on des viandes d'animaux jeunes (les taurillons) ou âgés (les vaches, brebis ou chèvres laitières).

Les principes de l'alimentation animale sont simples : selon les espèces, les animaux doivent ingérer une ration « suffisante » (mesurée en calories)

1. Patrick Denoux, *Pourquoi cette peur au ventre ? Cultures et comportements face aux crises alimentaires*, Jean-Claude Lattès, 2014.

d'aliments ; son ampleur varie avec la race, l'âge et le poids de l'animal. Cette ration doit contenir des glucides, des lipides et des protéines, là encore en proportion variable – mais précisément connue – d'une espèce à l'autre. La ration doit aussi apporter un seuil de vitamines et d'oligoéléments, seuil bas car davantage ne sert à rien et n'est donc pas mieux, ces substances étant des catalyseurs de réactions chimiques essentielles pour l'absorption des aliments mais n'étant pas, au sens propre du terme, des nutriments. Cela s'applique aux ruminants comme aux poissons. Bien avant que l'on ne découvre l'importance de la flore intestinale, cette connaissance de la physiologie complexe de la nutrition a permis de réduire les coûts de production de la viande, du lait et des œufs et, quand il y a un marché, d'en accroître la qualité.

Il faut remarquer que cela a aussi parfois conduit à des excès, voire des abus, car l'on sait comment « pousser » la croissance d'un animal et, par exemple, comment « faire » un poulet en quelques semaines (trente-cinq à quarante jours pour un poulet à croissance rapide, contre quatre-vingt-un jours pour une croissance lente). La viande insipide de ces animaux entassés, sinon entravés, se vend peu cher mais permet, même si cela n'est pas nécessairement souhaitable, une alimentation carnée quotidienne que l'on retrouve dans tous les self-services de la restauration scolaire ou d'entreprise. Le propos n'est pas de faire ici le procès d'un certain type d'élevage, mais simplement de dire que l'on connaît suffisamment bien l'alimentation animale pour déterminer très précisément le lien entre la nourriture de ces animaux et leur production de lait, d'œufs ou de viande.

Si les agronomes et les vétérinaires maîtrisent précisément la physiologie de la nutrition animale, physiologie complexe car différente chez les ruminants et les monogastriques, c'est moins le cas de la nutrition humaine chez les médecins[1]. Pourtant il y a plusieurs siècles, les ouvrages médicaux étaient quasi exclusivement consacrés à la nutrition. Ce n'est plus le cas et la nutrition en tant que discipline médicale est un des parents pauvres des facultés de médecine, le plus souvent peu et mal enseignée ; de surcroît, les rares services hospitaliers spécialisés, lieux de formation des jeunes médecins, se consacrent par essence aux troubles alimentaires pathologiques et peu à l'alimentation normale, quotidienne des êtres humains à tout âge. En 2005, le Conseil national de l'ordre des médecins ne recensait que quarante médecins nutritionnistes en France pour toute la médecine de ville. Quant au cursus commun des étudiants en médecine, il ne comportait cette année-là pas plus de vingt heures d'enseignement dans cette matière[2] ; or la nutrition humaine, rajoute deux, sinon trois ordres de complexité à la question déjà peu simple de l'alimentation animale.

Le plus évident, le plus banal et le plus important facteur consiste à rappeler que les humains ne

1. Le collège des enseignants des facultés de médecine en nutrition humaine n'a été créé qu'en 1988.

2. Pascal Crenn, *chantier de réflexion du CEN (Collège des enseignants en nutrition)*, DIU de pédagogie médicale, 2007, http://www.edu.upmc.fr/medecine/pedagogie/memoire/memoire%20Dr%20Crenn.pdf.

s'alimentent pas seulement pour se nourrir, mais aussi pour se faire plaisir et partager ce plaisir avec d'autres. Outre la dimension nutritionnelle de l'alimentation humaine, celle-ci a donc aussi une dimension hédoniste et une dimension sociale, qui impliquent une dimension psychologique : le plaisir comme la vie en société dépendent de et agissent sur la psyché. Enfin, les humains se nourrissent chaque jour et cela pendant des décennies, or pour cette caractéristique particulière il n'existe pas vraiment de modèle animal. Si on ajoute à cela l'ignorance absolue, jusqu'à une date récente, du rôle joué par la flore intestinale, aujourd'hui appelée le « microbiote » intestinal, qui abrite non pas dix fois plus de bactéries que le corps humain n'est composé de cellules, mais selon les derniers comptages 30 % de plus[1], ce qui demeure considérable, on ne peut guère être surpris qu'en nutrition humaine les modes succèdent aux modes, les erreurs collectives aux échecs individuels et que le charlatanisme trouve là un terrain de prédilection[2].

---

1. Ron Sender *et al.*, « Are we really vastly outnumbered ? Revisiting the ratio of bacterial to host cells in humans », *Cell*, vol. 164, n° 3, 28 janvier 2016.

2. On pourrait aussi ajouter les perspectives ouvertes par la métabolomique en matière de nutrition et par là on entend « *la mesure quantitative de la réponse multiparamétrique liée au temps d'un système multicellulaire à des stimuli physiopathologiques* », permise par la résonance magnétique nucléaire, la chromatographie et surtout les techniques d'analyse des données.

Le lien entre l'alimentation et la santé est complexe

À part le sucre et le sel, les aliments ne sont pas des substances chimiques pures. Tout aliment (riz, pâte, pain, viande, poisson, légume, fruit, fromage…) est composé de plusieurs nutriments et notamment de glucides (sucre, mais aussi amidon), de lipides (toutes les graisses) et de protéines[1] (viande, œuf, poisson, certains végétaux…). Quand un être humain se nourrit, il ingère plusieurs aliments ; la somme de ces aliments sur une période donnée (mois, semaine, jour) va constituer son alimentation. Cette alimentation va être plus ou moins absorbée et stockée par le corps selon les caractéristiques génétiques de la personne, son mode de vie et son microbiote intestinal. Une alimentation n'est déséquilibrée qu'en fonction d'un mode de vie. L'alimentation « adaptée » d'un travailleur manuel n'est pas la même que celle d'un col blanc. À terme, une alimentation donnée peut conduire à ce que la personne manifeste des facteurs de risque (surpoids, hypertension, ostéoporose…) et qu'à leur tour ces facteurs de risque ne déterminent pas mais accroissent la probabilité d'être atteint d'une maladie (maladie cardiaque, cancer, fracture, diabète, accident vasculaire cérébral…).

La tentation consiste à vouloir sauter les étapes. S'il arrive qu'une carence dans un nutriment produise une maladie, comme la carence en vitamine C produit le

1. Chaîne de polypeptides composée de résidus d'acides aminés.

scorbut, ce modèle est l'exception. En général, **ce qui est important, ce ne sont pas les aliments, mais l'alimentation sur une longue période.** Le maximum de surpoids que peut induire un repas très copieux est de quatre cents grammes ; on peut donc sans grande conséquence faire des excès certains jours, si l'on n'en fait pas tous les jours. Si ce qui compte est l'alimentation, il est donc dangereux de classer les aliments avec ou sans code couleur, même si à l'évidence certains semblent meilleurs que d'autres. Un excès de « bons » aliments pourrait aussi avoir à terme des effets délétères ; quant à la recherche en nutrition, plus elle avance, plus elle démontre que les idées simples ne sont pas de saison[1], car c'est non seulement la composition chimique des aliments qui joue un rôle mais aussi leur taille, leur porosité, leur texture et enfin, semble-t-il aussi, le fait que l'on se nourrisse seul ou en compagnie.

Une alimentation inadaptée peut provenir :

– d'une carence en certains nutriments ;

– d'une sous- ou d'une surconsommation de certains aliments ;

– d'une alimentation trop pauvre, trop riche ou déséquilibrée ;

– d'habitudes alimentaires erratiques ;

– d'un mode de vie qui n'est pas ou plus en rapport avec les habitudes alimentaires.

1. Guillaume Fond *et al.*, « Le rôle potentiel du microbiote intestinal dans les troubles psychiatriques majeurs : mécanismes, données fondamentales, comorbidités gastro-intestinales et options thérapeutiques », *La Presse médicale*, vol. 45, n° 1, janvier 2016.

Il n'est pas facile de donner des règles générales en matière d'alimentation. Il y en a peu et elles sont imprécises car, pour reprendre le titre d'un ouvrage de Marian Apfelbaum et Raymond Lepoutre, nous sommes des « mangeurs inégaux[1] » ; autrement dit, pour une même ration alimentaire et un mode de vie comparable certains grossissent, d'autres pas. Ainsi des sportifs pratiquant la même discipline, ayant le même poids et des performances comparables ingèrent des rations qui varient de un à trois.

Rappelons une fois encore ici les recommandations générales en la matière :

– il faut manger ;
– il ne faut pas trop manger ;
– il ne faut pas manger trop gras ;
– il ne faut pas manger trop salé ;
– il ne faut pas manger trop sucré ;
– il faut manger du poisson, des fruits et des légumes ;
– il faut faire de l'exercice, mais pas trop.

En matière de conseils, on n'a guère fait mieux. Soulignons par ailleurs que chez l'adulte, rien n'interdit une alimentation végétarienne[2].

On reconnaît en outre que le régime qualifié de « méditerranéen », qui consiste en une grande consommation de fruits et légumes, d'huile d'olive et

1. Marian Apfelbaum et Raymond Lepoutre, *Les Mangeurs inégaux*, Stock, 1978.

2. Ce n'est pas le cas chez l'enfant car tout enfant commence son passage sur terre en buvant du lait, ce qui n'est ni un fruit ni un légume mais bien un produit animal, fût-il humain !

de poisson, est proche d'une alimentation « idéale ». Encore faut-il ne pas trop manger et peut-être aujourd'hui surtout pouvoir s'offrir un tel menu : le poisson comme les fruits et légumes sont onéreux et cuisiner un légume est consommateur de temps. Cette alimentation adaptée doit s'accompagner d'une activité physique régulière (trente minutes de marche par jour).

De telles recommandations ne mettent pas en exergue un nutriment particulier, une vitamine spécifique ou une graine miracle, car une relation simple et monofactorielle entre un nutriment ou un aliment et une maladie est très rare. Par ailleurs, un facteur de risque (hypertension, surpoids...) caractérise, comme son nom l'indique, un danger et n'est pas en soi une maladie. À leur tour ces facteurs peuvent avoir plusieurs origines. L'hypertension artérielle, par exemple, peut être induite par une alimentation inadaptée, qui à son tour favorise l'occurrence d'événements cardiovasculaires et cérébrovasculaires, mais c'est aussi un phénomène biologique qui peut être indépendant du statut pondéral.

Croyances d'hier et modes d'aujourd'hui

Sans vouloir rédiger un ouvrage de nutrition humaine, il est intéressant de revenir sur quelques « vérités » récentes, quelques « évidences » à la mode en matière de nutrition qui semblent aujourd'hui bien fragiles sinon fausses, voire dangereuses. Avant cela, afin de comprendre comment les informations sont manipulées, il importe de rappeler brièvement quelques principes qui relèvent soit de la philosophie des sciences, soit de la biologie. Leur oubli, dénoncé dans mes livres précédents[1], conduit plus que jamais aux errements que nous allons illustrer.

Rappel de quelques principes

Un propos dont on ne peut pas démontrer qu'il est faux n'est pas un propos scientifique

Si quelqu'un prétend que les téléphones portables, les OGM, les pesticides, voire – pourquoi pas ? – les lunettes, les cols roulés, les cravates et les cannes blanches… sont dangereux pour la santé, ces assertions ne sont pas scientifiques car on ne pourra jamais démontrer qu'elles sont fausses. Après avoir testé que l'un ou l'autre n'induisait pas de cancer, de maladie gastrique ou de maladie mentale, la personne convaincue de leur dangerosité demandera aussi qu'on lui avance la preuve qu'il ne rend pas sourd, impuissant, aveugle… et cela à l'infini. Avec le philosophe des sciences Karl Popper, rappelons qu'un propos n'est scientifique que si et seulement si on peut démontrer qu'il est faux !

1. Jean de Kervasdoué, *Les Prêcheurs de l'apocalypse*, *op. cit.*, et *La peur est au-dessus de nos moyens*, *op. cit.*

Le zéro a changé

Il ne s'agit pas ici d'arithmétique, mais de chimie. Du fait des progrès considérables de la chimie analytique, il est aujourd'hui possible d'isoler la présence d'une molécule, même à l'état de trace infime. Alors qu'autrefois on ne décelait la présence que d'un millionième de gramme d'une molécule et que donc, en dessous de ce seuil on déclarait qu'elle était absente, on est aujourd'hui capable de descendre à un seuil qui peut aller jusqu'au millionième de millionième de gramme et ainsi trouver (presque) partout des traces de produits toxiques. Il en est de même des émanations des moteurs diesels. Si les filtres actuels éliminent les particules d'une certaine taille, ils n'éliminent pas – par construction – les particules qui passent à travers ce tamis, aussi entendons-nous parler des « particules fines » qu'autrefois on ne mesurait pas, faute d'en être capables. Dans certains cas, cette précision peut être utile, elle est aujourd'hui surtout l'outil privilégié des marchands de peur car, seule la dose fait le poison.

Risque et danger

Ce n'est pas parce qu'une substance est dangereuse qu'elle conduit à faire courir un risque, pour qu'un danger devienne un risque, encore faut-il avoir été exposé à ce danger. Sans parler d'alcool ou de tabac, de très nombreux produits dangereux sont en vente libre, notamment dans les drogueries et au rayon nettoyage des supermarchés où l'on trouve en libre accès de l'eau de Javel, de la soude, de l'acide nitrique… cependant, l'utilisation de ces produits est entourée de précautions, notamment pour éviter qu'un enfant soit capable d'ouvrir la bouteille ou le bidon les contenant. Un produit chimique, mais aussi un nutriment ou un aliment ne fait courir un risque que si la personne est exposée à une certaine dose. Celle-ci doit être supérieure à ce qu'on appelle la « dose sans effet nocif », limite basse déterminée chez l'animal et définie parce qu'à cette dose, et a fortiori en dessous, aucun effet pathogène n'est constaté. Puis, après une division par un facteur d'au moins cent, elle est transposée pour calculer la dose journalière admissible (DJA) et enfin, dernière précaution, on cherche une limite maximale de résidus, toujours inférieure à la DJA, pour s'assurer que personne ne consommera cette DJA. Cela s'applique aux additifs et conservateurs alimentaires, aux pesticides et à tout autre produit potentiellement toxique. Ce n'est pas le cas des produits « naturels » et l'on ne manque pas d'exemples de personnes qui, notamment, consomment de l'éthanol, qu'il vienne du vin, de la bière ou du whisky, bien au-delà de l'effet nocif !

Quand on annonce qu'une personne a été surexposée à tel ou tel toxique, en général, du fait de cette marge très élevée, elle n'est le plus souvent pas biologiquement atteinte : la toxicité biologique n'est pas la toxicité bureaucratique. De même, quand on met en évidence des traces infinitésimales de telle ou telle substance potentiellement dangereuse dans des cheveux d'enfants ou de députés européens, il ne s'ensuit pas que les uns ou les autres courent un risque. Pour l'établir, il faudrait comparer ceux chez qui on a découvert ces traces et une population « comparable ». Si on ne le fait pas, c'est que l'on est toujours très en dessous du seuil dont un effet toxique a pu être démontré sur l'animal.

Seule la dose fait le poison

Ce vieil adage de Paracelse doit plus que jamais être rappelé, car il est consciemment oublié, voire nié. Pourtant, une expérience démontrera aisément le contraire.

Sortez de votre placard deux boîtes de petits pois extrafins d'un kilo. Ouvrez-en une et, à hauteur d'homme, prenez les pois un par un et balancez-les sur votre pied droit. C'est très ennuyeux, très collant et très long, car il y en a environ un millier dans chaque boîte. Puis, prenez la boîte fermée et, de la même hauteur, laissez-la tomber sur vos orteils du pied gauche. Le résultat est facile à imaginer : la boîte pleine et fermée fait beaucoup plus mal au pied gauche que le millier de petits pois successifs au pied droit. En biologie, mille fois n'est pas une fois mille. En outre, une substance peut être mortelle à la dose de vingt mais indispensable à la dose de un : essayez, expérience mortelle, de boire vingt litres d'eau !

Les effets biologiques sont en effet rarement linéaires. Il y a toujours des effets de seuil et pour qu'une substance soit active, voire nocive, il faut dépasser un certain niveau d'exposition. Même le plutonium, poison chimique et radioactif, n'est pas dangereux au millionième de millionième de gramme et on veut faire croire que parce que l'on a trouvé des traces infimes de tel ou tel produit toxique dans les cheveux des enfants, ceux-ci allaient être un jour gravement atteints de maladies multiples et notamment, bien entendu, de celle dont on ignore la cause précise, l'autisme par exemple.

Quant à ce qu'on appelle l'« effet cocktail », c'est-à-dire les conséquences d'une exposition conjointe à faible dose de substances chimiques multiples, c'est la nouvelle arme des prêcheurs de l'apocalypse. En toute logique, il est possible qu'une association entre deux produits chimiques, même à très faible dose, puisse avoir des effets pathogènes ; toutefois, tant que l'on ne précise pas laquelle des combinaisons possibles entre ces substances pourrait être dangereuse, on ne peut pas démontrer si la crainte est ou non fondée. Or, les combinaisons entre substances chimiques existantes sont pratiquement infinies. Si l'on se limite à toutes les interactions possibles entre seulement dix produits chimiques, il y a trois millions six cent vingt-huit mille combinaisons possibles : ce chiffre est le factoriel de dix !

Facteur de risque et cause de mortalité

Quand une personne meurt, un médecin remplit un formulaire de déclaration de décès. Il y inscrit la cause médicale de cette mort par exemple, cancer du poumon, cirrhose du foie, accident vasculaire cérébral… mais il n'indique pas si le patient était fumeur, alcoolique ou obèse. Le tabac, l'alcool, le surpoids sont des facteurs de risque : ils accroissent la probabilité de mourir de telle ou telle maladie, mais ces maladies peuvent avoir plusieurs causes ; ainsi toutes les cirrhoses du foie ne sont pas alcooliques, même si la majorité l'est. Aussi, quand on dit que la mortalité prématurée due à l'alcool en France concerne environ quarante mille personnes, c'est un résultat de calculs complexes. En la matière, un ordre de grandeur est d'autant moins critiquable que l'effet est massif, comme c'est le cas du tabac ou de l'alcool. Il est en revanche fragile quand l'impact est ténu, quand les modèles s'appuient sur des expériences qui n'ont pas été répliquées, quand l'on fait l'hypothèse que l'effet toxique est linéaire, quand l'étude est une étude de cohorte[1] et pas une expérience…

Et pour clore ces remarques macabres, que veut dire d'ailleurs « décès prématuré » ? S'agit-il d'une minute, d'une heure, d'un jour, d'un mois, d'un an ou d'une décennie de vie perdue ? En toute rigueur, on devrait parler de mois ou d'années perdus et pas de morts dues au tabac ou à l'alcool. Si elles étaient sobres et non-fumeurs, ces personnes n'en seraient pas moins mortelles, même si n'étant ni alcooliques ni fumeurs elles auraient toutes les chances de vivre en moyenne plus longtemps.

1. Étude longitudinale fondée sur deux groupes de sujets (appelés « cohortes ») pour lesquels il peut toujours y avoir des biais de sélection.

Modèle et expérience

Toute recherche scientifique a pour objet de découvrir les causes de phénomènes qu'il s'agisse de la pousse des arbres, du réchauffement climatique, de la propagation des virus, de l'épidémie d'obésité, de la croissance de l'économie ou de l'effet d'un médicament. Pour affirmer un lien causal, il faut pouvoir prononcer une phrase simple d'apparence : « Toutes choses étant égales par ailleurs, A est la cause de B », si simple, mais si exigeante !

Elle ne peut jamais être prononcée en histoire où rien n'est jamais égal par ailleurs[1]. Elle est très difficile à prononcer en sciences sociales, comme en épidémiologie, car l'on peut rarement réaliser des expériences, mais c'est aussi très souvent le cas des sciences de la nature. Ainsi, on ne comprend pas la dignité et l'importance du débat sur l'effet anthropique du réchauffement climatique si l'on oublie que l'on ne peut pas faire d'expérience en matière de climatologie. Il y a une seule Terre, pas cinquante. Il n'est donc pas possible d'avoir des Terres sans hommes, des Terres avec hommes, puis d'autres avec gaz à effet de serre et d'autres encore sans gaz à effet de serre… Alors, faute d'expérience, on élabore des modèles. Pour ce faire on bâtit des hypothèses, on invente des concepts, on tente de les mesurer et on regarde si cela « colle », autrement dit si la réalité

1. Qu'eût été la France si Napoléon, de Gaulle ou Jeanne d'Arc n'avaient pas existé ?

des chiffres correspond à ce que l'on avait prédit, et plus cela « marche », plus l'on peut avoir confiance dans le modèle.

C'est rarement le cas. En outre, l'existence d'un lien statistique ne prouve rien sans hypothèse solide pour l'interpréter et, dans les questions complexes comme celles qui lient la santé et la nutrition, avoir trouvé un lien « statistiquement significatif » ne veut pas dire grand-chose si la probabilité est faible. Nous verrons comment cela s'applique, notamment dans le cas du lien entre le cancer et la consommation de viande. Qu'un risque soit multiplié par trois quand le risque de base est de un pour cent mille n'est pas particulièrement inquiétant : trois pour cent mille demeure faible.

Ces remarques vont permettre de comprendre les errements en matière de nutrition, nous limitant ici à quelques exemples connus.

Les matières grasses ne sont pas mauvaises pour la santé

En bons Bretons, le beurre (salé) n'a jamais quitté la table familiale ; toutefois, je fus surpris d'en voir plaider les bénéfices nutritionnels en couverture de *Time*, prestigieux hebdomadaire américain. Le titre était on ne peut plus explicite : « *Mangez du beurre. Les scientifiques ont considéré que le gras était leur ennemi. Voici pourquoi ils ont eu tort* » et, sur fond noir, en première page, une belle photo d'une motte de beurre ! Examinant les dernières recherches en nutrition, l'auteur indique qu'« *en 2010, une méta-analyse a conclu qu'il n'y avait pas de preuve significative que la graisse saturée était associée à un risque accru de maladies cardiovasculaires. [...] Une équipe dirigée par le docteur Rajiv Chowdhury, un épidémiologiste spécialisé dans les maladies cardiovasculaires de l'université de Cambridge, a conclu que les recherches actuelles n'indiquaient pas qu'il serait bon pour le cœur de limiter la consommation de graisses saturées et de favoriser une consommation élevée des graisses poly-insaturées*[1] ».

Pourtant, du fait de cette crainte des matières grasses, prise et reprise par les nutritionnistes et les médias, l'alimentation occidentale a changé, surtout en Amérique et en Europe du Nord, mais aussi, dans une moindre mesure, en France. Le beurre, le lait, la viande de bœuf, le sucre sont devenus lait écrémé, sirop de maïs, poulet, dinde avec adjonction de graisse poly-insaturée. L'absorption de glucides (carbohydrates) a augmenté de 15 % aux États-Unis en trente ans, or les recherches récentes montrent que les baisses de poids sont plus rapides avec des régimes faiblement glucidiques que faiblement lipidiques. En outre, dit l'article, la santé des Américains s'améliorerait s'ils mangeaient de la « vraie » nourriture, autrement dit des produits qui ne sont pas déjà précuisinés.

Cela est confirmé par d'autres sources scientifiques : « *Pendant longtemps les graisses laitières ont été discréditées. Pourtant la consommation de produits*

1. Bryan Walsh, « Eat butter. Scientists labeled fat the enemy. Why they were wrong », *Time*, 23 juin 2014.

laitiers entiers est associée à un moindre risque cardio-métabolique. [...] Les acides gras de la matière grasse laitière sont associés à une diminution constante du diabète et du syndrome métabolique ; ils ne sont pas associés à une augmentation du risque coronarien et vasculaire cérébral, certaines études étant au contraire en faveur d'une diminution de ce risque[1]. »

Quant au cholestérol contenu dans les aliments et notamment dans les œufs, il modifie peu le cholestérol sanguin, car celui-ci est pour l'essentiel fabriqué par le foie à partir du sucre et peu à partir du cholestérol ingéré !

L'exercice physique ne peut pas compenser les effets d'une mauvaise alimentation

Si les erreurs en matière de consommation de graisses sont lourdes de conséquences car elles ont contribué à la croissance de l'obésité et du diabète, s'est simultanément propagée une autre idée fausse selon laquelle **l'exercice physique pourrait chasser les effets d'une mauvaise alimentation. Cette affirmation est « *sans fondement*[2] »**, dit le Dr David Ludwig, professeur de pédiatrie et de nutrition à Harvard. C'est pourtant ce qu'ont laissé croire avec force publicité l'industrie du soda et celle du sucre ; or plus l'on ingère un aliment transformé et élaboré, plus il faut

1. Jean-Michel Lecerf, « Acides gras tissulaires d'origine laitière et santé cardiométabolique », *Cholé-Doc*, n° 145, mai-juin 2015.
2. Cité dans « How Coke is subtly blaming you for obesity », *Time*, 24 août 2015.

d'insuline pour l'absorber et plus l'insuline circule, plus le corps stocke des matières grasses, rendant alors très difficile la perte de poids.

Le bio n'est pas meilleur pour la santé

Une synthèse des dernières publications cherchant à mesurer les éventuels bienfaits des aliments bio, réalisée par Denis Lairon, directeur de recherche à l'INSERM, rappelle notamment que « *les teneurs en minéraux et oligo-éléments à intérêt nutritionnel des légumes et des fruits sont globalement comparables selon le mode de production, biologique ou conventionnel ; il est difficile de conclure de façon définitive sur l'effet du mode de production sur les teneurs en vitamines des aliments ; les teneurs en composés phénoliques (antioxydants) apparaissent plus élevées dans les produits issus de l'agriculture biologique que de ceux de l'agriculture conventionnelle ; les données de contamination des produits bio par des mycotoxines montrent des niveaux de contamination variables avec quelques cas de forte contamination*[1] »... Autrement dit, ces différences sont soit inexistantes, soit légèrement favorables (les antioxydants) ou défavorables (les mycotoxines).

La presse anglo-saxonne, moins sensible au lobby écologiste, le dit autrement. *The Economist*, après s'être demandé si « *la prétention à la supériorité des*

1. Denis Lairon, *La Qualité des produits de l'agriculture biologique et le plan national nutrition-santé*, INSERM-INRA, 2009, http://www1.montpellier.inra.fr/dinabio/docs/Session_2_oraux/Lairon.pdf.

produits "bio" [était] indiscutable[1] », répond par la négative et cite pour appuyer sa réponse l'Agence britannique de l'alimentation et une revue médicale réputée, *The Annals of Internal Medicine.* Elles concluent que toutes les études montrent qu'il n'y a pas de différence entre les qualités nutritives des aliments bio et les autres. Plus loin l'article ajoute une remarque « sacrilège », à savoir que la nourriture bio pourrait être mauvaise pour l'environnement car elle utilise la terre de manière beaucoup moins efficace que l'agriculture traditionnelle du fait de ses faibles rendements. Avant de terminer sur ce sujet central pour ceux qui achètent à grands frais des produits bio, Alan McHugen, botaniste de l'université de Californie à Riverside, rappelle que l'industrie du bio c'est « *99 % du marketing et de la perception du public*[2] ». Elle repose en effet sur une référence implicite à une époque mythique où la nourriture, et la vie en général, étaient simples et saines. Cela ne fait que conforter ce que nous avons déjà souligné[3] quand, notamment, nous rappelions que pour être simple la nourriture des paysans bretons dans les années 1950 l'était certainement (pain, pomme de terre, lait écrémé, lard...) ; quant à être saine, il faut pour l'affirmer avoir des notions très particulières de bactériologie et de diététique. Leur espérance de vie était alors très inférieure à l'espérance de vie actuelle.

1. « Victim of success », *The Economist*, 2 août 2014.
2. Cité *ibid.*
3. Jean de Kervasdoué, *Les Prêcheurs de l'apocalypse*, *op. cit.*

Allergie et l'épidémie des « sans » : le sans-gluten

Si l'alimentation humaine n'a jamais été aussi bonne qu'aujourd'hui, le nombre d'allergies alimentaires augmente. L'hypothèse la plus plausible serait que, en contact avec un nombre croissant de nutriments et de substances, le système immunitaire trouverait aussi un nombre croissant de causes d'inflammations. En effet, « *l'éventail des aliments à l'origine d'anaphylaxies sévères se diversifie*[1] » et quatre-vingt-sept aliments allergisants ont pu être répertoriés en Europe avec en tête du classement les arachides et les fruits à coque. Aux États-Unis aussi un tel phénomène se constate : environ 4 % des adultes et 8 % des enfants en sont atteints, mais heureusement ces derniers peuvent plus facilement en guérir. Selon le New England Journal of Medicine, « *la consommation régulière de cacahuètes, dès quatre mois et avant onze mois, réduit de plus de 80 % le risque à l'âge de cinq ans de développer une allergie à l'arachide*[2] ».

Si 4 % des Américains adultes sont allergiques, 30 % des habitants des États-Unis (cent millions d'habitants) envisagent de manger sans gluten, or il n'y a aux États-Unis que 1 % de la population qui

---

1. Denise-Anne Moneret-Vautrin, « Épidémiologie de l'allergie alimentaire », *Revue française d'allergologie et d'immunologie clinique*, n° 48, 2008.

2. Irène Drogou, « L'éviction alimentaire sérieusement remise en question. L'introduction précoce de la cacahuète réduit les risques d'allergie chez les atopiques », *Le Quotidien du médecin*, 26 février 2015.

est atteinte d'une maladie cœliaque[1] ! Pourtant, la vente d'aliments *gluten free* s'envole au point d'avoir doublé entre 2011 et 2016 (15 milliards de dollars). Pourtant, Donald Kasarda indique qu'« *il n'a pas trouvé de preuve claire montrant une croissance du contenu en gluten du blé américain durant le XXe siècle, et s'il y a bien une croissance des maladies cœliaques au cours de la seconde moitié de ce siècle, la sélection génétique de blé pour leur plus fort contenu en gluten ne semble pas en être la raison. Un changement dans la consommation par habitant de blé et de gluten pourrait jouer un rôle, car toutes les deux ont crû durant la période considérée, mais il n'existe pas de données portant sur l'incidence annuelle des maladies cœliaques pour tester cette possibilité*[2] ». À ce jour, il n'existe aucun anticorps, aucun test sanguin, aucun marqueur génétique, aucune biopsie qui puisse confirmer l'existence d'une sensibilité au gluten.

Tout cela ne veut pas dire, bien entendu, que certaines personnes ne sont pas réellement allergiques au gluten. Là encore, le remède le plus efficace pour elles viendra d'un OGM : les nouvelles technologies de génie génétique permettent de supprimer une fonction dans une plante et, dans le cas du blé,

1. Michael Specter, « Le gluten, futur céréale-killer? », *Vanity Fair*, août 2015.

2. Donald D. Kasarda, « Can an increase in celiac disease be attributed to an increase in the gluten content of wheat as a consequence of wheat breeding? », *Journal of Agricultural and Food Chemistry*, n° 61 (6), 13 février 2013.

d'en modifier le contenu en gluten au moment de la panification. Ces nouveaux produits seront-ils ou non classés « OGM » par l'Europe alors qu'il n'y a pas à proprement parler de transfert de gènes[1] ? La réponse sera donnée à la fin de l'année 2016. En attendant, soutenues par le journal *Le Monde*, les organisations écologistes (Les Amis de la Terre, France Nature Environnement...), ou agroécologistes (Confédération paysanne, Semences paysannes...) font campagne : « *"Ces nouveaux OGM" échapperaient aux procédures d'évaluation des risques, de suivi, d'étiquetage...* », souligne le journal[2]. Au cas où, pour tout écologiste – fût-il journaliste –, il est bon que le doute s'installe et que les intérêts industriels soient stigmatisés. Rappelons pourtant que ces techniques permettent de modifier un gène connu pour atteindre un objectif déterminé comme, par exemple, l'absence de gluten. Or, plus loin dans le même numéro du *Monde*, cette fois dans la rubrique « Science et techno », un article bien différent commence par : « *Notre génome est doué d'une étonnante aptitude à muter*[3] » et de rappeler à juste titre que ces mutations nombreuses et inconnues (une centaine par individu) ont permis à l'homme de s'adapter à son environnement. Nous sommes donc tous des OGM.

1. Il ne s'agit donc pas de transgenèse au sens où il n'y a pas transfert d'un gène d'une espèce à l'autre, mais de modification in situ d'un gène d'une plante ou d'un animal.

2. Angela Bolis et Stéphane Foucart, « Batailles et polémiques autour des nouveaux OGM », *Le Monde*, 13 avril 2016.

3. Florence Rosier, « Les mutations génétiques, clés de notre survie », *ibid.*

Va-t-on nous certifier ? Certaines de ces mutations, par essence inégalitaires, toujours inconnues sont vraisemblablement dangereuses.

Comme pour l'électronucléaire qui ne produit pas de gaz à effet de serre et les plantes transgéniques qui limitent l'usage des pesticides, ce cas où le génie génétique peut réduire les allergies alimentaires place les prétendus écologistes devant leurs contradictions et montre s'il en était besoin que leur idéologie ne s'intéresse ni au milieu naturel ni à la santé de la population mais, une fois encore, à la décroissance économique, une idéologie malthusienne donc.

Pour tous les autres, ceux qui enfourchent les modes, il est aussi troublant qu'ennuyeux de constater une épidémie sans cause aux États-Unis, comme en Europe, où les chiffres seraient légèrement inférieurs (entre 3,2 % et 3,7 % chez les adultes), mais néanmoins significatifs[1]. Une peur chasse l'autre : après le sel, le sucre, l'aspartame, le cholestérol, c'est aujourd'hui le tour du gluten. À l'affût, les marchands de peur développent de nouveaux marchés sur de nouvelles croyances et réagissent violemment quand les chercheurs s'en mêlent et se permettent d'affirmer, par exemple, que la plupart des cancers sont dus au hasard.

1. Denise-Anne. Moneret-Vautrin, « Épidémiologie de l'allergie alimentaire », art. cit.

Viande rouge, charcuterie, cancer et… hasard

Au début de l'année 2015, un article de Cristian Tomasetti et Bert Vogelstein, publié dans *Science*, une des revues scientifiques les plus prestigieuses, fit grand bruit : « *Chez l'homme, certains types de tissus donnent naissance à des cancers des millions de fois plus fréquemment que d'autres. Ainsi, bien que ce fait soit reconnu depuis un siècle, il n'a jamais été expliqué. Nous montrons ici que la probabilité sur une vie entière d'être atteint de nombreux types différents de cancer est fortement corrélée (0,81*[1]*) au nombre total de divisions cellulaires des cellules qui régénèrent l'homéostase de ces tissus. Ces résultats suggèrent que seulement un tiers de la variation des risques de cancer entre ces tissus est attribuable à des facteurs environnementaux ou à des prédispositions héritées. La majorité est due à la malchance, c'est-à-dire une mutation aléatoire qui apparaît au moment de la duplication de l'ADN des cellules souches non cancéreuses*[2]. » Certes cette étude a des limites, notamment du fait que les cancers du sein et de la prostate, les plus fréquents des cancers, en étaient exclus. Cependant cette analyse est conforme à ce que l'on sait des « erreurs de copie » en cas de réplication de l'ADN à l'occasion de toute division

1. Une corrélation de 0,81 explique plus de 65 % de la variance, ce qui est beaucoup.

2. Cristian Tomasetti et Bert Vogelstein, « Variation in cancer risk among tissues can be explained by the number of stem cell divisions », *Science*, vol. 347, n° 6217, 2 janvier 2015.

cellulaire ; elle offre en outre une explication à deux faits empiriques connus, à savoir que la prévalence des cancers augmente avec l'âge et qu'elle varie fortement d'un tissu à l'autre, donc d'abord selon la fréquence des divisions cellulaires du tissu.

Ces résultats ne remettent pas en cause le fait que le tabac est un facteur de risque majeur des cancers des voies respiratoires ou qu'il est vain d'utiliser des crèmes solaires pour se prémunir des cancers de la peau. En revanche, ils rappellent que si l'on peut prévenir l'apparition de certains cancers, pour d'autres, la majorité donc, à moins de mourir jeune, il faut organiser un dépistage précoce et… prier le Seigneur ou consulter son karma.

Qu'en est-il alors de la viande rouge et de la charcuterie ? Quand le journal *Le Monde* titre en première page sur cinq colonnes : « *Les viandes rouges classées cancérogènes* », sans préciser le type de cancer induit par ce type d'aliment, on se demande d'où vient l'information et s'il n'est pas urgent de préparer son testament après plus de soixante-dix années de consommation continue et gourmande de ces viandes. L'inquiétude s'estompe vite quand le regard quitte le titre et s'arrête aux trois lignes situées immédiatement en dessous, toujours en première page, mais écrites en plus petits caractères : « *La consommation de viande rouge est "probablement cancérogène", indique lundi 26 octobre une agence de l'Organisation mondiale de la santé (OMS)*[1]. » Un événement probable n'étant

1. *Le Monde*, 27 octobre 2015.

pas un événement certain, on respire et l'on s'indigne devant cette évidente manipulation de l'information. En outre, si cette probabilité existe, elle est infime, sinon il y a bien longtemps que la viande rouge aurait été déclarée par l'OMS comme étant un aliment cancérogène avéré et que les consommateurs de viande se seraient tous retrouvés prématurément au cimetière.

Pour la viande rouge, les travaux qui ont conduit à émettre cette hypothèse ne sont pas des expériences, ni même des études épidémiologiques, mais la connaissance de processus biochimiques qui interviennent dans l'intestin, une fois la viande digérée. Autrement dit, c'est biologiquement possible, mais pas empiriquement démontré. La monographie du Centre international de recherche sur le cancer parle d'ailleurs des « *indications limitées* » montrant qu'il y aurait un lien entre la consommation de viande rouge et la survenue de cancers colorectaux. Quelles sont les limites de ces indications qui ont paniqué la Terre entière ? Sur les huit cents études sur le cancer chez l'homme prises en compte par le CIRC, seulement dix concernent la viande rouge et neuf des dix études ont été réalisées aux États-Unis, pays où la taille moyenne des steaks est nettement supérieure à celle observée en France et où les conditions d'élevage sont différentes.

Quant aux viandes transformées et notamment la charcuterie, l'épidémiologie permet au CIRC d'affirmer qu'elles sont des cancérogènes avérés. Il s'agit dans ce cas d'études de cohorte, or on ne connaît pas toujours les consommations associées d'aliments qui pourraient aussi expliquer ce phénomène. On ne peut donc pas prononcer la phrase essentielle de toute science expérimentale, qui serait ici : « Toutes choses étant égales par ailleurs, les mangeurs de viandes transformées ont plus fréquemment des cancers que les autres. »

Le passé en la matière conduit pourtant à la prudence car, quand il y a eu de réelles expériences permettant de tester ce genre d'hypothèse, elles n'ont rien donné ; autrement dit, l'hypothèse n'a pas été vérifiée. En outre, la très grande majorité des études comparent des extrêmes – dans ce cas, les grands mangeurs de viande (ou de charcuterie) et ceux qui n'en mangent pas du tout. De très nombreux autres facteurs peuvent expliquer ces variations comme la faible consommation de fruits et légumes. Enfin, le mode de cuisson n'est pas évoqué ; or la viande cuite à très forte température, et notamment la viande grillée au barbecue, produit des carcinogènes. Est-ce la viande ou son mode de cuisson qu'il faut incriminer ?

À l'exclusion du mode de cuisson, des travaux statistiques de qualité tendent d'isoler ces facteurs et ainsi le *Global Burden Project*[1] classe en vingt-deuxième position le risque encouru par les grands mangeurs de viandes transformées (charcuterie) et en quarante-troisième (et dernière) position celui des grands mangeurs de viande rouge. Ce risque vient loin derrière la présence de radon[2] dans votre habitation, la malchance de vivre dans un environnement

1. http://www.ncbi.nlm.nih.gov/pmc/articles/PMC4156511.
2. Gaz rare aussi « naturel » que radioactif.

bruyant, le fait de boire peu de lait ou d'avoir une carence en zinc... Bien entendu, l'importance de ces facteurs de risque est minime et n'a rien à voir avec la consommation de tabac, d'alcool, l'hypertension artérielle, le surpoids ou la faible consommation de fruits et légumes. Quant aux trente-quatre mille morts par cancers qui, pour toute l'humanité, seraient liées à la consommation de viandes transformées et aux cinquante mille morts dues à la viande rouge[1], ce n'est pas le million de morts du tabac par an. À supposer que ces cancers dus à la viande existent et qu'ils soient tous fatals (ce qui n'est pas le cas), ils représenteraient un millième des décès de la planète.

En quelques mots, il n'y a aucune évidence empirique pour exclure des menus la consommation de viande rouge, qui par ailleurs a des bienfaits ; en revanche il est conseillé aux très gros mangeurs de viande et de charcuterie d'en réduire la consommation et simultanément d'accroître leur consommation de produits végétaux peu transformés et de produits de la mer[2].

1. Les morts du cancérogène probable sont supérieures aux morts du cancérogène avéré parce que dans certains pays de la planète on ne mange pas de porc et dans d'autres peu de charcuterie.

2. Anthony Faret et Yves Boirie, « Association entre groupes d'aliments et risques de maladie chronique. Vers une nutrition préventive globale », *Cholé-Doc*, n° 143, janvier-février 2015.

Les peurs alimentaires

Informer ou susciter la peur ?

Alors que la réglementation et les contrôles en matière de produits alimentaires n'ont jamais été aussi élevés, que l'administration n'a jamais été aussi tatillonne, que le bien-être animal a été favorisé et les élevages de plein air développés, la confiance dans les produits alimentaires décroît en France : 41 % des Français ont ainsi aujourd'hui moins confiance qu'avant, alors que ce n'est le cas que de 5 % des Anglais ; en outre, si 76 % des Français ont plutôt ou tout à fait confiance dans les produits alimentaires, ce chiffre est très inférieur à celui des Espagnols (95 %), des Américains (92 %), des Brésiliens (88 %) mais aussi des Chinois (78 %) ! Pourtant, de véritables scandales alimentaires, notamment en matière de lait frelaté, ont marqué en 2014 et 2015 l'empire du Milieu. Y a-t-il des raisons objectives à cette opinion ? On peut en douter quand on sait que la réglementation française est au monde la plus rigoureuse. L'usage d'antibiotiques est, entre autres, autorisé de manière courante dans l'alimentation du bétail américain quand il ne l'est pas en France ; les normes en matière de production et de distribution des alimentaires du Brésil n'ont pas la même rigueur que les normes européennes. Et si l'on remonte dans le temps, il ne me semble pas que les Français d'aujourd'hui aient conscience qu'en 1900 14 % des décès, dans notre pays, étaient dus à des empoisonnements alimentaires. Il n'y en a plus aujourd'hui.

La perte de confiance semble donc peu s'appuyer sur des données objectives, mais semble être due à la manière dont sont « informés » les Français. Les émissions et articles où les journalistes illustrent leur a-priori, en orientant le choix des thèmes et la manière dont ils sont traités, abondent. Prétendant dénoncer des scandales et informer le public, ils font de l'audience tout en diffusant une idéologie de la décroissance, ce qui explique leur opposition à toute forme de production, qu'elle soit agricole ou industrielle. L'effet est tangible : ainsi, une émission de télévision portant sur l'élevage des saumons en Norvège a fait baisser leur vente de 25 % dans les trois premiers mois suivant sa diffusion et de 13 % un an plus tard. Bien entendu, les éleveurs n'ont eu aucun droit de réponse.

Les Français consomment encore quatre-vingt-cinq kilos de produits carnés[1] par an dont trente-deux kilos de porc, vingt-six de volaille et vingt-quatre de viande bovine. Depuis 1990, seule la volaille est en croissance (+20 % environ). Le porc baisse de 10 %, le bœuf et le veau de 20 % et le mouton de plus de 40 % !

En la matière, la mésinformation, ou la désinformation, est un mal universel. Les conseils donnés dans les émissions médicales télévisuelles américaines ne sont pas toujours fondés, loin s'en faut. Ainsi, examinant les recommandations de deux émissions de vulgarisation

1. Mesurés en « équivalent carcasse ».

médicale américaines, *The Dr. Oz Show* et *The Doctors TV Show*, les auteurs d'un article paru dans le *British Medical Journal* indiquent qu'« *approximativement la moitié des recommandations soit n'ont aucune évidence empirique, soit sont contredites par les dernières recherches de qualité. Les conflits potentiels d'intérêts sont rarement évoqués. Le public devrait être sceptique en ce qui concerne les recommandations des émissions médicales*[1] ». Toutefois, si j'ose dire, au moins la moitié n'est pas fausse et je me demande quel serait le pourcentage en France.

Les peurs alimentaires traversent les siècles

Dans un ouvrage passionnant, Madeleine Ferrières[2] rappelle que pour tout humain, jusqu'au début du XXe siècle, « on est ce quc l'on mange ». Cette croyance semble demeurer vivace, même si, en y réfléchissant, chacun sait que quand un tigre mange un lapin, il ne devient pas lapin pour autant. Comme autrefois, les hommes se méfient de tout et notamment de tout nouvel aliment et plus encore de tout additif, à moins qu'il ne s'agisse des magiques vitamines ou oligoéléments. « *Il a fallu à la pomme de terre plus de deux siècles pour sortir du purgatoire, sans doute la durée nécessaire pour que sa consommation soit consacrée par la coutume, pour*

1. Christina Korownyk *et al.*, « Can you trust the advice of TV doctors », *The BMJ*, 19 novembre 2014.

2. Madeleine Ferrières, *Histoire des peurs alimentaires. Du Moyen Âge à l'aube du XXe siècle*, Points Histoire, 2006.

que le réflexe néophobique se dissolve peu à peu dans l'usage et qu'il laisse la place à la familiarité – ce principe sur lequel repose tout entière la tranquillité alimentaire[1]. » L'auteur montre aussi que, toujours pour la pomme de terre, « *l'accueil réservé à la plante du Nouveau Monde, sa première réputation, sont bien meilleurs de l'autre côté de la Manche*[2] ». Déjà ! C'est bien entendu ces peurs qui légitiment les politiques actuelles en leur donnant, grâce aux médias, plus de force qu'il y a trois siècles.

Au XVIIe siècle s'est tenu un débat animé sur les dangers éventuels de la levure de bière dans la fabrication du pain. Elle « *fait du pain un produit falsifié, altéré, en aucun cas "bon et loyal"* », disait-on. Cela évoque trait pour trait le débat du XXIe siècle sur les OGM, avec cependant une nuance essentielle. Au XVIIe siècle, contre l'avis de l'Académie de médecine, le Parlement a choisi d'autoriser la levure de bière en s'appuyant sur un argument qui est à l'exact opposé du principe de précaution d'aujourd'hui. À l'époque, « *l'administration de la preuve devient fondamentale. [...] Suivant la nouvelle jurisprudence, on ne peut condamner la levure sans certitude, uniquement sur les animadversions. Le principe juridique joue ici l'inverse du principe de précaution médicale, il se traduit par un acquittement au bénéfice du doute, assorti d'une condition. Les juges autorisent la fabrication du pain à la levure. [...] En laissant la liberté*

1. *Ibid.*, p. 152.
2. *Ibid.*, p. 131.

de choix aux consommateurs, [les juges] respectent l'équilibre instauré entre la vigilance du consommateur et les mesures de police qui doivent toutes deux contribuer à garantir la santé publique[1] ».

Que s'est-il passé en deux siècles ? Pourquoi les « *juges* » ont-ils changé de position ? Que diraient-ils aujourd'hui d'un OGM de levure de bière capable notamment de fabriquer de… l'héroïne[2] ?

La responsabilité civile et pénale des fonctionnaires

Le principe de précaution, dont je pense qu'il est logiquement absurde car l'on ne peut jamais prendre de mesures « proportionnées » face à des événements « incertains », n'explique pas seul le conservatisme français. La France se distingue par une autre particularité, très lourde de conséquences : ses fonctionnaires sont civilement et pénalement responsables des décisions qu'ils prennent[3]. Rien de tel au Royaume-Uni où seule la reine est « responsable » ; ainsi dans l'affaire dite « de la vache folle » aucun fonctionnaire

1. *Ibid.*, p. 178.

2. « *En introduisant vingt-trois gènes provenant de plantes, de bactéries et même de rats dans la levure, le laboratoire de Smolke [à l'université de Stanford] a réussi à faire directement fabriquer par des microbes de la thébaïne et de l'hydrocodone, un opioïde antidouleur de synthèse* » (« De la levure de bière modifiée génétiquement pour produire de "l'opium" », 17 août 2015, http://www.gurumed.org/2015/08/17/de-la-levure-de-bire-modifie-gntiquement-pour-produire-de-lopium).

3. Certes ils peuvent, dans certaines conditions, être protégés (circulaire FP n° 2158 du 5 mai 2008 relative à la protection fonctionnelle des agents publics de l'État), mais cela implique qu'ils peuvent être poursuivis.

de Sa Majesté n'a été inquiété. Quant aux États-Unis, si les fonctionnaires y ont une responsabilité civile, elle n'est pas pénale. Rien d'étonnant alors si, dans l'administration française, la peur règne. Que ce soit au ministère de l'Agriculture et plus encore au ministère de la Santé, les perquisitions des juges se succèdent et les fonctionnaires se méfient de tout ce qu'ils écrivent. Il est devenu impossible d'évoquer dans une note interne le fait qu'une nouvelle « précaution » – par là il faut entendre de nouvelles normes et de nouveaux règlements – est totalement déraisonnable parce qu'elle va coûter plusieurs dizaines de millions d'euros à la collectivité pour des bénéfices potentiels limités, incertains, voire nuls. Seul le risque hypothétique compte. On peut donc prévoir que la situation va encore s'aggraver avec le rôle donné par le Parlement aux lanceurs d'alerte et que donc l'emploi productif va reculer et avec lui le chômage augmenter.

En outre, alors que l'État fait peser sur les fonctionnaires et les entreprises une responsabilité juridique de plus en plus lourde, il organise savamment son irresponsabilité politique. Par « précaution », depuis l'affaire du sang contaminé, l'État a transféré à des agences juridiquement indépendantes toute l'expertise technique pour que, le moment venu, les ministres ne soient ni « responsables » ni, bien entendu, « coupables ». Il est vraisemblable que cette désincarnation, cette dilution des responsabilités sont aussi une des causes de la coupure entre la population et la classe politique, d'autant qu'à leur tour, pour se protéger, les agences édictent des normes maximalistes au détriment de ceux qui les subissent, soit ceux qui produisent. Personne ne réfléchit plus à ce que pourrait être une protection sinon « juste », du moins équilibrée entre les intérêts des producteurs et ceux des consommateurs, sachant que chaque Français est, au cours d'une vie, voire d'une journée, l'un et l'autre.

Les peurs du consommateur structurent seules l'action publique. L'État réglemente. Les producteurs subissent. Les consommateurs en payent le prix quand ils achètent français ce qui est et sera de moins en moins le cas, car la production faite sur le territoire est onéreuse, quand elle n'est pas impossible.

Le diététisme a toujours eu une dimension moralisatrice et religieuse

On connaissait les végétariens, voici qu'apparaissent, plus restrictifs encore, les végétaliens, qui excluent tous les produits d'origine animale y compris les œufs, les produits laitiers et le miel. Les végans, aussi végétaliens, mais qui ajoutent à la dimension alimentaire une dimension militante, refusent toute exploitation humaine des animaux et rejettent ainsi tout aliment et tout objet fabriqués à partir de sous-produit animal, et donc le miel et tout objet en cuir. Plus souples sont les flexitaristes : s'ils sont le plus souvent végétariens, ils acceptent de manger de la viande, des œufs et du poisson chez des amis ou au restaurant. Ils estiment simplement que l'on a donné trop de place à la viande. Pour des raisons qui peuvent être sanitaires, écologiques et éthiques, ils manifestent ainsi, sans contrainte sociale, leur engagement. Puis viennent les orthorexistes, qui ont leurs propres tabous alimentaires et leurs propres critères d'exclusion. Tout peut y passer : le sel, le sucre, les matières grasses, la viande, le poisson… Les peurs s'ajoutent aux peurs, les interdits aux interdits, la personne s'isole et tout repas, longuement planifié à l'avance, devient source d'inquiétude pour l'orthorexiste et épreuve pour ses commensaux. Enfin, le locavore est celui qui cherche à se nourrir à partir de produits qui ont poussé ou ont été élevés à proximité. Si nous sommes tous, dans la mesure du possible, locavores, si nous aimons trouver en saison des produits locaux, le locavore convaincu aura beaucoup de mal à se nourrir et se privera de la majorité des épices, le poivrier – entre autres – ne poussant pas en France métropolitaine. Certains locavores iront de surcroît jusqu'à exiger que le fruit ou le légume soit cueilli à la main, douce réminiscence du passé, mais terrible contrainte pour le dos du ramasseur. Le locavore est écologiste, il souhaite contribuer à limiter les dépenses énergétiques associées au transport des aliments, il favorise les cultures conventionnelles, réprouve les emballages en plastique. Il n'a cependant pas conscience qu'il n'est ni toujours très social ni toujours très écologique car il arrive que, selon le mode de transport, les dépenses d'énergie soient moins importantes pour les produits d'origine lointaine.

Quant aux gastronomes, peuvent-ils imaginer ce que serait le menu d'un dîner, en hiver, à Paris, pour une table qui aurait pour commensaux un locavore, un végan et un orthorexiste ?

Cette surprenante évolution est aussi le signe du développement d'une forme de paganisme et donc de la baisse d'influence de la religion chrétienne. En effet, la religion chrétienne avait libéré ses croyants des interdits alimentaires : « *Pour tout chrétien orthodoxe, la distinction entre viandes pures et impures a été abrogée par la venue du Christ qui libère l'homme de tout tabou alimentaire. Jésus, congédiant la loi juive, institue le laisser-faire alimentaire : à l'homme pur, tout est pur*[1]. » En revanche ce n'est pas le cas de la religion musulmane ou de la religion juive.

Ainsi, s'adaptant au progrès, des rabbins se sont demandé si les OGM étaient casher. L'autorité religieuse chargée de la casherout en Israël a statué que le génie génétique « *n'affecte pas le statut casher* », car le matériel génétique est « *microscopique* ». Toutefois, cette position majoritaire est débattue par ceux qui invoquent le très respecté rabbin kabbaliste du XIIIe siècle Moshe ben Nahman, pour qui l'humanité ne doit pas perturber la nature fondamentale de la création. Nul doute qu'il trouve un écho chez de nombreux écologistes, qu'ils soient ou non de religion judaïque. On est loin de l'humour de Rachi de Troyes, rabbin, éminent commentateur de la Bible et du Talmud, à qui l'on demandait (au XIe siècle) si un gobelet de vin casher passé dans les mains d'un

1. Madeleine Ferrières, *Histoire des peurs alimentaires*, *op. cit.*, p. 20.

non-juif était toujours casher, et qui répondit : « *Oui, si le vin est bon.* »

Journaux, magazines, émissions accompagnent et nourrissent ces peurs, qui ont fait naître une audience et un marché. Sur Internet, blogs, sites, magazines pullulent et avec eux régimes et remèdes miraculeux, dans certains cas ! Pour ne prendre que l'exemple du site du Club Bien mincir l'attention de l'internaute ne peut qu'être attirée par des témoignages de succès spectaculaires et la qualité des menus miracles ; toutefois le lecteur vigilant y trouvera aussi un « *avis de non-responsabilité* » : « *Tous les témoignages présentés ci-dessus sont réels et ont été écrits par des membres réels du Club Bien mincir. Prenez en compte que ces témoignages ne présentent pas nécessairement les résultats typiques du programme Club Bien mincir. Les résultats peuvent évoluer entre les différents membres du programme Club Bien mincir en fonction des entraînements de chacun, de ses gènes, de son âge, de son sexe, de sa motivation personnelle et d'autres facteurs. Veuillez consulter un médecin avant de commencer tout exercice ou programme de régime.* » Autrement dit, si cela ne marche pas, gènes, âge et sexe sont l'explication ; quant à la responsabilité, voir le médecin !

Si certains conseils de ce site sont judicieux, on y trouve aussi des affirmations infondées comme à propos des OGM dont le site prétend qu'ils « *jouent sur votre poids* ». Non seulement cela n'a jamais été démontré mais surtout, à part le soja et le maïs importé, il est très difficile de se procurer en France une graine d'une plante OGM. Ces variétés ne jouent donc aucun rôle dans l'éventuel surpoids d'un Français.

De fait, pour ce site comme pour les autres, il s'agit de payer 49 euros pour y accéder au-delà de la page d'accueil, 58 euros l'heure pour bénéficier des conseils d'un coach et 400 euros par mois pour se faire livrer des repas minceur à domicile. Il est vrai que pour ce prix les menus personnalisés sont « *exclusifs* » et s'adaptent « *à tout interdit religieux ou à toute maladie* ». Bien entendu, tout cela ne marche que si l'on n'oublie pas d'« *activer le pouvoir naturel de son corps*[1] », ce que je recommande sans réserve au lecteur : « Activez, activez ! » Mais c'est sans garantie.

Sur d'autres sites, on trouve moult promotions pour des plantes « naturelles », des produits bio ou des graines miracles. Elles ne sont pas toujours sans intérêt, mais j'appelle enfin l'attention du lecteur sur les conséquences vraisemblables de la graine de chia, « *la plus haute source végétale d'oméga-3, superaliment aux nombreuses vertus*[2] », qui contient beaucoup de magnésium mais qui, à raison de cent grammes par jour, donne de la diarrhée ; une graine donc aussi bonne que bien nommée !

1. http://www.clubbienmincir.com.
2. www.chia.fr.

Une nature rêvée, une agriculture méprisée, une alimentation redoutée

Les producteurs sacrifiés pour des mythes

Alors que les Français veulent continuer à vivre au rythme des saisons et que pour la majorité la vie urbaine leur en donne peu la possibilité, ils se réfugient dans le rêve d'une nature qui n'a jamais existé. Comme, par ailleurs, ils sont noyés sous la pléthore de produits alimentaires, que, sauf notables exceptions, la religion ne les guide plus, que le rythme des repas familiaux s'assouplit au point de disparaître, ils sont confrontés en permanence au choix de ce qu'ils vont manger. Ce choix sans guide et le plus souvent sans connaissance angoisse chacun, d'autant qu'ils ont été si souvent induits en erreur. La peur s'installe. Les urbains, n'ayant plus faim, et ignorant tout de l'agriculture, imposent au nom de ce qu'ils croient être la nature ou la santé des contraintes qui conduisent à la ruine des agriculteurs. Leurs premières victimes sont de surcroît les exploitations qu'ils voudraient vraisemblablement défendre : les fermes de taille moyenne qui disparaissent, écrasées par le coût de la main-d'œuvre et la folle réglementation pour un bénéfice nul, voire négatif, car, nous l'avons dit, certaines productions végétales ne sont quasiment plus cultivées en France, mais importées.

L'oubli des spécificités des marchés agricoles au nom d'un libéralisme inadapté

La crise agricole a aussi une dimension économique. L'Europe, influencée par une idéologie libérale promue par la Grande-Bretagne et les fonctionnaires européens d'origine ou de formation britannique, a accepté au nom d'un libéralisme simpliste et inadapté l'ouverture des marchés agricoles. Les marchés mondiaux de produits agricoles n'ont longtemps été que des marchés de surplus : seule une très faible partie de la production mondiale y était échangée, l'essentiel de la production de chaque pays étant consommé sur place ; c'est encore le cas.

Les Britanniques en ont largement bénéficié avant 1940, ils échangeaient leurs produits industriels contre des denrées alimentaires achetées à bas prix. Puis vint la guerre, ils ont alors souffert des conséquences fâcheuses de ce choix stratégique car ils ne produisaient plus sur leur sol ce qu'ils consommaient jusque-là : les convois maritimes étaient attaqués par les sous-marins allemands. Les aliments étaient rationnés, tout le monde avait faim.

Se souvenant de la guerre et de l'exemple britannique, pendant plusieurs décennies, la politique agricole commune européenne (PAC) a eu pour premier objectif d'atteindre l'autosuffisance alimentaire.

Du fait des considérables gains de productivité, cette autosuffisance a été rapidement atteinte et est devenue pour certains produits surproduction grâce à des prix garantis supérieurs aux cours mondiaux. Cette production a cependant, parfois, trouvé un marché sans aide à l'exportation car, du fait de leur rapide croissance démographique, des pays du Sud ou de l'Est sont devenus des importateurs nets de produits agricoles. Ainsi l'Égypte, qui a une population de plus de quatre-vingts millions d'habitants et une surface agricole huit fois moindre que celle de la France, est structurellement un grand importateur de céréales.

Si le marché mondial des produits agricoles représente aujourd'hui une part plus importante des quantités produites qu'il y a un demi-siècle, notamment pour les productions des grandes cultures (blé, maïs, orge, soja…), il est encore un marché de surplus, notamment pour la viande, le lait, les fruits et les légumes, même si la France importe en hiver des haricots verts du Kenya. Moins de 20 % de la production mondiale de céréales fait l'objet d'échanges sur ce marché. Or, sans trop entrer ici dans les détails, même quand les prix baissent, la consommation d'un légume ou d'un fruit n'augmente pas à due proportion de la chute du prix.

Supposons par exemple qu'un kilo de pommes de terre nouvelles vaille 0,5 euro, ce prix bas ne conduira pas l'amateur à en manger deux fois par jour pendant trois semaines ; il ne le ferait d'ailleurs pas si on les lui donnait[1]. C'est pour cette raison qu'en toute logique il a existé des mécanismes de quotas ou de prix d'intervention dont le but était soit de limiter la production, soit de retirer du marché les produits excédentaires en cas de surproduction quand les prix descendaient en dessous d'un certain seuil. Les personnes peu au fait de la politique agricole ont toujours été scandalisées par les stockages (beurre, poudre de lait) ou la destruction d'excellents produits (fruits et légumes), or ce sont ces outils qui permettaient que l'agriculteur ne fasse pas faillite et soit encore là l'année suivante pour offrir viande, lait, fruits et légumes. Les Américains, en apparence très libéraux, intervenaient non pas directement sur les marchés mais par les droits de plantation et régulaient ainsi les marchés des produits agricoles. L'Europe les copia en instituant la politique des jachères.

Il faudrait ajouter à cette instabilité essentielle la financiarisation, autrement dit la spéculation croissante des marchés à terme des produits agricoles. Elle amplifie cette instabilité. Tant que la politique agricole commune avait un poids significatif, l'Europe y échappait. Ce n'est plus le cas.

En 2016, on tente d'aider les agriculteurs en leur offrant une subvention à l'hectare, ce qui par essence favorise les grandes exploitations et augmente le prix de la terre. Quotas, prix d'intervention, jachères ont disparu. Une faible fluctuation des achats sur le marché mondial (embargo russe, diminution de la demande

1. Les économistes disent que la consommation est « inélastique ».

chinoise) fait donc chuter les cours et, en 2016, les prix du porc et du lait, du fait de l'inélasticité de la demande. Comme par ailleurs les élevages français n'ont pas recherché les gains de productivité[1] avec la même intensité que les Allemands, que les coûts de la réglementation en particulier et ceux des intrants en général augmentent fortement alors que les prix baissent, les revenus s'effondrent. Le gouvernement français s'efforce, sans succès, de convaincre les grandes surfaces d'acheter à un prix « raisonnable », mais comme ce n'est pas leur intérêt, elles ne le font pas ; sans donc en faire profiter le consommateur. Les commerçants ramassent donc l'essentiel de la mise.

Le gouvernement français plaide alors à Bruxelles pour accroître les stockages de poudre de lait afin de maintenir le revenu des producteurs. Tout cela se fait bien tardivement, dans le désordre, n'ayant pas vu venir ce qui est dans la nature même des marchés des produits agricoles. Que l'on soit ou non libéral, il faut intervenir pour réguler un marché si particulier, à moins de bénéficier, comme les Britanniques, d'effets d'aubaine dus à l'existence de ces marchés de surplus. Ils savaient où ils voulaient aller et ont consciemment et activement détruit l'essentiel de la PAC. Une partie importante des agriculteurs français en payent le prix. Des producteurs disparaissent malgré ces bouffées d'oxygène que sont les aides financières. Certains vont même

1. Il suffit de voir les réactions de l'opinion à la ferme des mille vaches, encore une exception en France, mais le modèle dominant de beaucoup de pays, y compris l'Allemagne.

jusqu'au suicide. Les urbains les ignorent, sauf quand les tracteurs bloquent les autoroutes et que brûlent les sous-préfectures.

Pendant un demi-siècle, le monde agricole s'est transformé. L'ensemble de la société en a bénéficié, sans aucune conscience ni aucune reconnaissance ; bien au contraire, car la presse d'opinion a été infiltrée par des idéologues habillés de vert comme de vertu, tandis que la production agricole était abandonnée au libéralisme le plus sauvage.

Une incompréhensible tolérance des tribunaux pour la violence des écologistes

À la violence temporaire et paroxystique des agriculteurs répond la violence permanente de certains écologistes, bien tolérée par l'opinion et les tribunaux.

Le sabotage de la recherche en biotechnologies commence le 5 juin 1999. À Montpellier, José Bové saccage une serre de confinement dans laquelle étaient conduits un projet européen de recherche sur les gènes de riz et une étude internationale sur la résistance du riz aux insectes. Cet « exploit » l'aura fait connaître et lui aura permis plus tard de devenir député européen et grand prêtre de l'écologie politique. Il est en permanence consulté par les médias, donne le ton et apprécie notamment, tel l'oracle, le degré de « verdure » des politiciens de droite ou de gauche.

Le 15 août 2010, une soixantaine de « faucheurs volontaires » détruisent soixante-dix pieds de vigne à l'INRA de Colmar. Ils étaient plantés pour tester la résistance d'un cépage OGM à une maladie virale fréquente de la vigne, le court-noué, et pour vérifier l'éventuel bien-fondé de certaines allégations écologistes. Les précautions pour que ces plants n'aient aucune influence sur leurs voisins, voire sur le sol, étaient maximales. Les expériences étaient financées par de l'argent public, l'impôt des Français donc. Pourtant, le mercredi 14 mai 2014, les cinquante-quatre faucheurs volontaires ayant détruit cette expérience sont relaxés par la cour d'appel de Strasbourg. Le lundi 19 mai 2014, le parquet général sauve l'honneur de la République et se pourvoit en cassation. La Cour de cassation annule la relaxe, les faucheurs volontaires seront rejugés par la cour d'appel de Nancy.

Pourquoi une telle bienveillance jusqu'à ce que le procès atteigne la Cour de cassation ? Y aurait-il un droit supra-républicain pour ce type de vandalisme revendiqué ? Les juges partagent-ils eux aussi la représentation de la nature de leurs contemporains ? Il est vrai que l'agriculture d'aujourd'hui est étonnamment moderne, rationnelle et scientifique et leur est étrangère.

La science est-elle indigeste ?

Aujourd'hui, pour qu'un aliment soit produit puis, plus tard, consommé, beaucoup de disciplines auront été appelées à la rescousse. Sans être exhaustive, la liste suivante, qui ne concerne que les plantes, est impressionnante : génétique, physiologie végétale, pédologie, hydrologie, écophysiologie, pathologie végétale, biochimie, entomologie, bactériologie, virologie, chimie analytique, thermodynamique, mécanique, traitement du signal, statistique, météorologie, génie des procédés, transport, chaîne du froid, informatique, organisation des marchés, nutrition, sciences de l'environnement, marketing, comptabilité, analyse de données... Tout cela pour des carottes, des tomates, du blé ou des concombres !

Certes, le marketing cherche à gommer ces savoirs et tente de raccrocher le consommateur à des images familières, sinon familiales ; ainsi l'on promeut les yaourts de la mamie, les confitures de la tante et les saucissons de Justin, mais un fossé des représentations se creuse entre le consommateur, qui n'est pas entièrement dupe, et la réalité de la production agricole. La somme d'intelligence et d'organisation collective qu'il faut pour trouver, quasiment à sa porte, des fruits et des légumes de qualité tous les jours de l'année pèse peu devant le souvenir du fruit bien mûr cueilli sur l'arbre, gorgé de sucre et chauffé de soleil. Peu importe que, dans les essais en aveugle, les variétés récentes de fraises ou de tomates l'emportent systématiquement sur les variétés anciennes, c'était mieux avant ! Avant quoi ? Avant qui ? Avant que le progrès ne s'en mêle ?

Si la démarche scientifique joue un rôle essentiel dans la production d'aliments de qualité, cette réalité est niée, pas seulement pour des raisons de marketing. En effet, dans les médias, domine la pensée « postmoderne » pour laquelle il n'y a plus de vérité mais des opinions, toutes aussi respectables les unes que les autres. Ainsi, à propos des questions climatiques, Bruno Latour déclare qu'« *ONG, lobbies et océans ont voix au chapitre au*

Stéphane Foucart et David Larousserie, qui décrivent les débats, sinon les conflits internes de cette noble institution, mais ne présentent jamais les arguments fondamentaux. Toutefois, la lecture de l'article est assez réjouissante car on y trouve quelques perles, à commencer par cette formidable remarque : « *Les ambiguïtés de l'Académie des sciences sur le climat sont le révélateur de son décalage grandissant avec la société*[1]. » Et d'évoquer sans rire l'âge des académiciens, la faible féminisation, la non-saisine de l'Académie par la présidence de la République et le gouvernement, les liens « *éventuels* » d'intérêt, sans bien entendu montrer en quoi tout cela a à voir avec l'origine anthropique du réchauffement climatique. Rien dans l'article ne traite de la question de fond.

Faut-il encore rappeler que les débats scientifiques ne sont pas des débats d'opinion et qu'en leur temps, les idées de Copernic et de Galilée étaient profondément en « *décalage* » avec les croyances de la société de leur époque ? Quant à l'« *exception française* » en matière de climato-scepticisme, il faut ne pas consulter la presse internationale, ne jamais être allé sur le site Internet du Sénat américain pour savoir que Vincent Courtillot, le plus connu des climato-sceptiques français, appartient à une communauté scientifique respectable.

Ne jamais traiter du sujet est la règle, attaquer les personnes qui ne partagent pas vos croyances est la

1. Stéphane Foucart et David Larousserie, « Climat : une académie sous influence », *Le Monde*, 30 novembre 2015.

pratique. Pour ne citer qu'un autre exemple, il y en a des dizaines, un autre jour, un autre titre à propos de conflits d'intérêts au « GIEC de la biodiversité », il est écrit qu'un professeur allemand, coordinateur du chapitre sur la biodiversité, est salarié de l'entreprise chimique allemande Bayer, qu'une Anglaise est employée de Syngenta (autre fabricant de produits chimiques) et qu'il y a donc deux experts qui travaillent pour cette Plateforme intergouvernementale sur la biodiversité et les services économiques (IPBES) sur quatre-vingts membres[1]. Qu'ont-ils écrit ? En quoi leurs arguments sont-ils biaisés ? Sont-ils tellement influents que les soixante-dix-huit autres membres laisseront passer des informations scientifiquement infondées ? Ce type d'article n'a pas pour objet d'instruire, mais de discréditer d'avance un rapport à venir au cas où il laisserait entendre que les pesticides ne sont pas toujours les destructeurs de la biodiversité et surtout qu'ils ont d'incontestables bienfaits.

Disqualifier les experts, cultiver le soupçon, nourrir la théorie du complot, remettre en cause l'universalité de la science, telles sont les recettes efficaces de ces idéologues. On sait en effet que les arguments du soupçon diffusent vite et que la confiance, toujours fragile, est longue à établir.

1. Stéphane Foucart, « Parmi les experts du principal support sur la pollinisation, deux salariés de l'industrie chimique », *Le Monde*, 24 février 2016.

Les politiques et le progrès

Bien entendu cette désinformation a des conséquences politiques : la manipulation de l'opinion transforme l'idéologie des partis dits « de gouvernement ». L'alliance électorale entre le Parti socialiste et les Verts conduit naturellement à se demander si la gauche est encore progressiste. La réponse ne se trouve pas dans les discours, mais dans les décisions ; aussi, en dépit des textes qui placent à chaque ligne le mot « innovation », la gauche n'est encore progressiste que dans sa volonté d'offrir de nouveaux droits sociaux que l'économie du pays ne peut plus financer. Le coût idéologique payé pour un accord électoral à la fois maigre et fragile devient alors insupportable pour ceux qui croient encore à l'importance de la pensée rationnelle, et donc progressiste.

Pourtant, élections après élections, les dirigeants du Parti socialiste construisent leur stratégie sur l'addition arithmétique des voix de gauche. Il me semble que c'est une erreur sinon de calcul, du moins de raisonnement. Les voix des écologistes et du Parti socialiste ne s'additionnent plus systématiquement ; elles se soustraient parfois et se soustrairont davantage si le PS continue de reprendre à son compte les idées prônées par les écologistes politiques. Les électeurs se souviennent, regardent et semblent avoir en la matière plus de jugement et de compétences que les partis de gouvernement.

La gauche n'est pas la seule concernée. Le Grenelle de l'environnement, considéré à l'époque comme un grand succès politique de la présidence de Nicolas Sarkozy, ne laisse de trace que comme victoire… de communicants. Quelques années plus tard, on mesure l'absurdité du refus d'évaluer en France les éventuelles ressources de gaz de schiste, la pénalisation imposée aux agriculteurs français en leur interdisant des semis d'OGM (perte de revenu de 200 euros par hectare pour fournir un maïs de moins bonne qualité et donc moins exporté) et surtout la paralysie provoquée par la place offerte aux organisations non gouvernementales dans des instances décisionnelles de l'État.

Pour comprendre ces phénomènes, il suffit de connaître la sociologie des militants. L'analyse détaillée du vote aux élections départementales de 2015 présente la répartition sociologique non pas de l'électorat, mais des candidats de chacun des partis politiques en lice[1]. La profession des candidats d'un parti politique ne doit rien au hasard : elle est à la fois la représentation de la sociologie des militants et le miroir dans lequel l'électeur peut se refléter[2], c'est donc un « fait » sociologique au sens d'Émile Durkheim. Ainsi, pour se limiter aux deux partis dits « de gouvernement », en mars 2015, 16,5 % des candidats de l'UMP[3] étaient dans la catégorie « chefs d'entreprise et professions libérales », alors

1. Jérôme Fourquet et Sylvain Manternach, « Départementales de mars 2015 (1) : le contexte », *Fondation pour l'innovation politique*, août 2015.

2. La population est suffisamment importante pour que les statistiques soient significatives : il y a en France, cette année-là, quatre mille cent vingt-huit conseillers généraux/départementaux.

3. Devenue depuis Les Républicains.

qu'ils ne représentaient que 7,2 % au PS. En revanche les « salariés ou retraités du public » étaient 50,8 % au PS, mais seulement 26,7 % à l'UMP. Le PS avait 11,9 % d'enseignants et l'UMP 5,9 % chez leurs candidats. Quant aux « agriculteurs, artisans et commerçants », ils étaient 10 % à l'UMP et 3,7 % au PS. Enfin, et ce n'est pas le moindre résultat de cette étude, dans la catégorie « employés et ouvriers du privé » se trouvaient 6,5 % des candidats du PS, 7,4 % des candidats de l'UMP – très peu donc –, mais 22,6 % des candidats du Front national or ils sont ceux qui subissent en première ligne les conséquences de la mondialisation ! Aussi, quand on ajoute les salariés et retraités du public aux enseignants, ils représentent plus de la moitié des candidats aux élections cantonales du PS, alors qu'il n'y a pratiquement pas d'agriculteurs, d'artisans et de commerçants, peu de salariés du privé, de chefs d'entreprise et de professions libérales ! Il n'y a donc aucune raison que les agriculteurs soient compris, voire défendus par un parti où ils sont tout simplement absents.

Cela s'applique aussi aux autres types de production. Depuis 2012, au-delà de ce que nous venons d'illustrer dans les chapitres précédents, chacun a pu mesurer l'impact de la loi ALUR, la si mal nommée ! En effet, cette loi pour l'accès au logement et à un urbanisme rénové de Mme Duflot a, selon Manuel Valls, « *mené à l'effondrement de la construction*[1] ». On ne saurait mieux dire !

---

1. Cité par *Le Canard enchaîné*, 20 août 2014.

Quant à la production d'électricité, année après année, à consommation égale, la facture des Français ne cesse de croître[1] pour financer des sources d'énergie dites « alternatives », aussi coûteuses que consommatrices d'espace et, pour certaines[2] à l'origine de rejet de gaz à effet de serre. Or, en matière de coût de l'électricité – encore aujourd'hui un avantage compétitif de la France –, les Français ne sont pas au bout de leur peine si la production d'énergie électrique d'origine nucléaire descend à 50 % en 2025, comme François Hollande s'y est engagé. Cela est toutefois très peu probable quand l'on sait que, pour y parvenir, il faudrait d'ici là fermer au moins dix-huit centrales nucléaires, alors qu'en quatre ans le gouvernement ne s'est engagé – avec lenteur – à n'envisager que la fermeture de Fessenheim.

Certes, le milieu physique peut avoir un impact sur la santé, mais ce n'est rien à côté des drames induits par la pauvreté et le chômage : plus de six années de différence d'espérance de vie entre un manœuvre et un cadre supérieur à l'âge de trente-cinq ans, en France. Les normes inutiles d'un écologisme mal placé nuisent d'abord aux plus défavorisés. Le coût du logement s'est ainsi accru de 20 % en quinze ans du fait d'un nombre croissant de règlements soit injustifiés, soit appliqués sans discernement.

1. Cela représente environ 20 % d'une facture d'électricité, rien de négligeable donc.

2. Quand le vent tombe, les éoliennes ne produisent plus d'électricité, il faut donc remplacer cette source d'énergie par une autre, le plus souvent des centrales thermiques au gaz ou au charbon.

Quant à la circulation alternée à Paris, elle réduit par jour d'un trois millième seulement l'exposition annuelle des Parisiens à la pollution atmosphérique, son impact sanitaire est donc nul, mais elle pénalise notamment les artisans de banlieue, contraints pour venir travailler à Paris de prendre leur camionnette. La stigmatisation des voitures équipées d'un moteur diesel avec filtre à particule est infondée, ces moteurs étant, d'après les dernières études, moins polluants que ceux des automobiles à essence, mais la motorisation diesel, avec ou sans filtre, est aussi celle des Français les plus pauvres. L'acharnement gouvernemental en la matière a clairement conduit certains électeurs à en tirer des conséquences politiques et à passer, pour cette raison, d'un vote socialiste à un vote pour l'extrême droite.

Le lien entre le revenu et la santé est important et amplement démontré ; autrement dit, inventer des normes nouvelles en matière de bisphénol ou de glyphosate accroît le chômage et nuit à la santé bien plus sûrement que l'éventuelle maîtrise d'effets toxiques supposés. Les écologistes, aidés par le Parlement et le gouvernement, auront démontré depuis 2012 leur très grande capacité à détruire des emplois, mais cela avait commencé avant cette date.

Les partis de gouvernement ont pensé que les normes, n'importe lesquelles, du moment qu'elles prétendaient avoir un impact sur la santé, étaient justifiées, même quand cet impact était insignifiant, voire nul. La plupart de ces mesures ont en effet été prises sans étude comparant leur coût et leurs éventuels bénéfices. Ce faisant, il a été oublié qu'elles pesaient aussi lourdement sur l'économie de la production, comme sur le revenu disponible des ménages. Elles accroissent donc le chômage et appauvrissent les plus déshérités qui doivent aussi, comme les autres, acheter des détecteurs d'incendie, être couverts par des assurances de plus en plus onéreuses, sans reparler du coût des transports qui ne cesse de grimper. Quant aux contraintes pesant sur la circulation dans les grandes villes, on peut donner l'exemple, si merveilleusement symbolique, de l'aménagement des voies sur berge de la rive gauche de la Seine à Paris. Les premiers bénéficiaires de ces aménagements sont les habitants voisins du 7e arrondissement, qui pourtant dans leur majorité ne manquent pas de grand-chose, alors que les usagers pénalisés par la fermeture de cette voie sont les personnes contraintes d'utiliser leur voiture pour travailler (taxis, artisans, commerciaux...), véhiculer des enfants ou conduire des personnes âgées qui ne peuvent plus prendre des transports en commun... Une politique de (rive) gauche ?

Les Français constatent la regrettable incapacité des politiques à réduire le chômage de masse et jugent sévèrement leur manière de se dédouaner en prétendant les protéger de risques faibles pour lesquels, le plus souvent, ils ne demandent rien. Il faudrait d'ailleurs encore évoquer ici les contraintes de même nature qui pèsent lourdement sur les entreprises en général, nous venons de le faire pour les entreprises agricoles en particulier ; elles sont une source majeure de la baisse de compétitivité, du chômage et de dégradation de la santé – or, du seul point de vue de la santé, nul doute que le chômage soit beaucoup plus fatal que la charcuterie, fût-elle absorbée sans modération !

On peut aussi lire dans la montée de l'extrême droite non pas tant le soutien aux dangereuses idées de ce parti politique, mais un vaste cri pour dire : « Soyez modestes ! Cessez de dire que vous cherchez à nous protéger de tout, alors que vous n'arrivez pas à nous offrir un emploi et à donner une perspective à nos enfants ! Laissez-nous vivre ! »

Peut-être faudrait-il aussi enfin rappeler à nos élus que les hommes ne vivent pas que pour vivre plus longtemps, que la sécurité n'est pas la seule valeur, que l'indifférence à la beauté est peut-être, pour une civilisation, plus fatale que la faible croissance du PIB... mais cela est une autre histoire !

Un public stimulé, peu formé, mal informé

En un quart de siècle, les sources de stimulation sont devenues potentiellement infinies, toujours et (presque) partout accessibles grâce au téléphone portable, prothèse émotionnelle de l'« homme nomade[1] » du XXIe siècle. On peut ne plus s'ennuyer et ainsi, pour les adolescents, le fossé se creuse entre le rythme de la rue et celui de l'école. Mais peut-on apprendre sans effort, voire sans ennui ? En 2016, les plus hautes instances ministérielles qui demandent de ne plus

1. Jacques Attali, *L'Homme nomade*, Fayard, 2003.

imposer les devoirs à la maison semblent le penser. Certes les outils modernes transforment la pédagogie, mais enseigner n'est pas regarder un documentaire, ni une émission de télévision. Quant aux cours en ligne, les MOOC (*massive open online course*[1]), ils ne sont pédagogiquement utiles que si celui qui les regarde dispose d'un bagage intellectuel suffisant pour les comprendre.

De ma longue expérience de professeur, je pense que pour qu'un étudiant apprenne, il faut provoquer son esprit, et par là j'entends d'abord lui faire prendre conscience de ce qu'il sait ou ne sait pas. Il faut ensuite chasser dans la mesure du possible toute connotation émotive liée au thème – l'époque est aussi manichéenne – et enfin, enfin seulement, transmettre, expliquer en choisissant les mots, les concepts, le raisonnement, les illustrations chiffrées. Il faut une violente bienveillance, une attention permanente, un combat intellectuel pour que l'élève commence à considérer ce que dit le professeur. Il faut s'engager, sinon l'élève s'ennuie et s'échappe, comme l'écolier de Prévert, il suit l'oiseau, à moins qu'il ne retourne plus prosaïquement à son écran de portable.

On peut regarder des dizaines d'émissions de télévision sur les OGM ou la pollution atmosphérique sans pour autant apprendre ce qu'est un gène, une particule fine, la prévention en santé publique ou l'épidémiologie des maladies respiratoires. Pour ce qui est de la génétique humaine, animale ou végétale, aucune

1. Classe ouverte accessible par un grand nombre sur le net.

émission de télévision ne donne le temps d'expliquer la nature chimique de l'ADN, son fonctionnement biologique, son rôle dans l'évolution des êtres vivants ou dans la sélection génétique, avec ou sans transgenèse[1]. En revanche, les documentaires traitant des intentions rarement objectives et pas toujours comprises de Monsanto abondent. Il en est de même des particules « fines » en pollution atmosphérique. L'utilisation courante de termes inappropriés montre d'ailleurs que les journalistes eux-mêmes n'ont pas toujours discerné les enjeux faute d'avoir pu apprendre. Une information n'a de valeur que si l'on comprend les mots et les concepts qu'elle évoque. Ainsi, dire que l'on a trouvé un lot de semences « contaminées » par des graines OGM laisse à penser qu'une graine OGM, à l'instar d'une bactérie ou d'un virus, se propage et infecte ses voisins. Non, le gène ajouté reste tranquillement là où il est, à l'état dormant dans la graine, et sera toujours bien incapable de sauter chez le voisin pour le contaminer.

Non seulement les informateurs n'appréhendent pas les concepts qu'ils utilisent, mais ils les connotent : par exemple OGM = Monsanto = le diable = capitaliste, bien entendu ; de même, industrie pharmaceutique = Mediator = scandale. Ainsi tous les débats sur les OGM ou sur les médicaments ne se placent pas dans le champ de la connaissance, mais dans celui des valeurs et des émotions, qu'elles soient ou non

1. La seule que j'aie pu trouver en une dizaine d'années de zapping actif était produite par la télévision chinoise et diffusée sur sa chaîne anglophone.

fondées. La plupart des émissions sont à charge. Il serait regrettable, mais extrêmement facile de réaliser les mêmes documentaires ou émissions d'« information » en prenant la presse pour cible.

Tout cela n'est pas sans lourdes conséquences. Le professeur Agnès Buzyn, présidente de l'Institut national du cancer, remarque que « *confrontés à la multiplication des facteurs de risque, les Français ont le plus grand mal à les hiérarchiser et tendent à s'enfermer dans une attitude de déni*[1] ». Alors que les premières causes de cancer liées au comportement de la personne sont le tabac et l'alcool, 52 % des sondés pensent avoir un jour un cancer quel que soit leur comportement. De toutes les façons, ces désinformations conduisent à un déport des responsabilités individuelles vers des responsabilités collectives. Sept personnes sur dix pensent que « *respirer l'air des villes est aussi mauvais pour la santé que fumer des cigarettes* » ; sept personnes sur dix jugent aussi que « *boire des sodas ou manger des hamburgers est aussi mauvais pour la santé que boire de l'alcool* » ; et enfin, plus d'une personne sur deux estime qu'« *aujourd'hui, la pollution provoque plus de cancers que l'alcool*[2] ».

« *Face à des informations confuses, contradictoires, non hiérarchisées, voire complètement infondées, la*

1. http://www.stopaucancer.com/les-causes-du-cancer-une-hi%C3%A9rarchie-des-risques-encore-trop-souvent-mal-per%C3%A7ue-par-la-population.

2. Institut national de prévention et d'éducation pour la santé, *Baromètre cancer 2010*, 2012, http://www.inpes.sante.fr/CFESBases/catalogue/pdf/1405.pdf.

population peut opter pour des stratégies individuelles de prévention aux conséquences catastrophiques : ainsi, parce qu'ils font de l'exercice physique, mangent cinq fruits et légumes par jour ou mangent bio, certains pensent que leur risque de cancer est réduit et en déduisent qu'ils peuvent continuer à fumer[1]. »

Enfin, la distraction permanente, la stimulation continue du « temps de cerveau disponible » par des images ou des émotions nuit à la capacité de lire, de bien lire. Pour pénétrer en profondeur une œuvre, il faut s'être un jour ennuyé, seul, avoir alors trouvé un livre et découvert ce que pouvait apporter cette plongée intime dans la vie des autres, fussent-ils des personnages de fiction. Il faut avoir été captivé. Puis, avec les grands auteurs et les années, on chemine, on se structure à condition d'avoir appris, d'avoir eu la chance de rencontrer l'exigence, de l'avoir supportée, même quand à l'époque elle nous paraissait pénible.

Un architecte, formé dans les années 1920 à l'École des beaux-arts de Paris, me disait que dans cette école, à son époque, il fallait huit ans pour être autodidacte. C'était bien entendu une boutade. L'éducation a pour objectif premier d'ouvrir des portes sur un monde fait de concepts et de modes de raisonnement. Si ensuite on ne voyage bien que quand on voyage seul, encore faut-il avoir été guidé pour tracer son chemin. Cet

1. Catherine Hill, http://www.stopaucancer.com/les-causes-du-cancer-une-hi%C3%A9rarchie-des-risques-encore-trop-souvent-mal-per%C3%A7ue-par-la-population.

architecte était le fils d'un très grand artiste et possédait déjà les clés du monde de l'art, il pouvait être autodidacte.

La « réalité » ne parle pas d'elle-même. Il serait très difficile d'apprendre le théorème de Pythagore par la méthode des cas : non seulement il faudrait mesurer les dimensions des côtés de nombreux triangles, bien maîtriser l'arithmétique et la géométrie, mais il n'y aurait aucune garantie que les élèves parviennent à la découverte de ce fameux théorème. Apprendre permet de brûler des étapes, de parcourir vite le chemin des anciens jusqu'à la ligne de faille où, alors, on défriche seul – mais encore faut-il ne pas avoir en chemin manqué quelques marches !

Inventer un nouveau lien avec la nature, apprivoiser la pléthore alimentaire, donner leur juste place aux agriculteurs, repenser l'espace et, avec lui, les notions de ville et de campagne pourraient constituer les bases d'un projet écologue pour l'avenir, autrement plus riche que les combats perdus d'avance pour un monde en décroissance, sans électricité nucléaire, sans gaz de schiste, sans pesticide et sans OGM.

Je tiens tout particulièrement à remercier pour leurs commentaires, leur lecture attentive et leur patience : François Blamont, Catherine du Chatelet, Anne de Kervasdoué, Jean-Michel Hieaux et Jean-François Marie et, bien entendu, mon éditrice, Malcy Ozannat.

Composition PCA
44400 – Rezé

N° d'édition : 55549/01
Dépôt légal : octobre 2016

Achevé d'imprimer en France par EPAC Technologies

N° d'édition: 4550414335118

Dépôt légal: octobre 2016